Grubert
Nicht verzagen, Oma fragen

Grubert

Nicht verzagen Oma fragen

Tricks, Kniffe und
guter Rat
aus Großmutters
Erfahrungsschatz

Econ Verlag
Düsseldorf · Wien

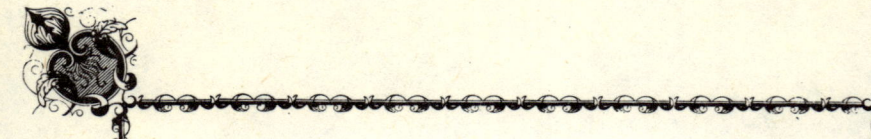

1. Auflage 1975
Copyright © 1975 by Econ Verlag GmbH, Düsseldorf · Wien
Gesamtherstellung: Kleins Druck- und Verlagsanstalt
Lengerich/Westf.
Printed in Germany
ISBN 3 430 13691 1

INHALT

VORWORT

Kaum ein Beruf ist heute so vielseitig, wie der einer Hausfrau. Die Technik hat dafür gesorgt, daß vieles im Haushalt verbessert wurde. Doch die Arbeitsbereiche sind so umfangreich und vielseitig, daß man immer noch nach weiteren Erleichterungen sucht.
Die Tricks und Kniffe aus Großmutters Erfahrungsschatz sollen Ihnen helfen, auf die vielen kleinen Fragen des Haushalts eine Antwort zu finden. Die Arbeit selbst kann ich Ihnen zwar leider nicht abnehmen, doch hoffe ich, daß diese nützlichen und wertvollen Hausmittel Ihnen sowohl Freude machen als auch eine echte Hilfe sein werden.
Der Übersichtlichkeit halber sind die Tips innerhalb der einzelnen Kapitel alphabetisch geordnet.

Viel Spaß und viel Erfolg!
M. Chr. Grubert

KOCHEN, BRATEN UND BACKEN

Ananas
Die Ananasschale enthält Stoffe, die Entzündungen im Mund hervorrufen können. Wenn Sie die Schale der Frucht entfernt haben, sollten Sie nicht mit dem gleichen Messer die Frucht in Portionen schneiden.

Apfelsinen
Apfelsinen halten sich lange, wenn sie, in Seidenpapier verpackt, trocken lagern.

Apfelsinen, erfrorene
Erfrorene Apfelsinen sind leicht an der weichen Schale zu erkennen und schmecken meist bitter. Legt man sie jedoch ca. 1 Stunde lang in kaltes Wasser, werden sie wieder eßbar.

Apfelsinenschalen, getrocknete
Apfelsinenschalen haben ein pikantes Aroma und verbessern den Geschmack von Gebäck, Lebkuchen, Torten; auch zu Bratenfleisch und Wild werden sie verwandt. Zum Trocknen nimmt man nach Möglichkeit

ungespritzte Schalen, die man vom weißen Pelz befreit, kleinhackt und im Backofen trocknet. Will man sie verwenden, weicht man sie eine Zeitlang in Wasser ein.

Backfett, altes
Altes Backfett wird wieder schmackhaft, wenn Sie es mit einem Stück roher Kartoffel aufkochen.

Backfett, gebrauchtes
Backfett läßt sich häufig verwenden, ist jedoch manchmal durch Speisereste verunreinigt. Es wird wieder sauber und von allen Rückständen befreit, wenn man es erhitzt und dann vorsichtig in eine Schüssel mit kaltem Wasser gießt. Die Rückstände sinken dabei auf den Boden, und das erkaltete Fett läßt sich wieder neu verwenden.

Birnen einkochen
Birnen bleiben auch beim Einkochen appetitlich weiß, wenn die geschälten und kleingeschnittenen Stücke bis zum Einfüllen ins Glas in schwaches Essigwasser gelegt werden.

Blattgemüse, welkes
Salat, Kohl, Spinat, Suppengrün, Petersilie usw. werden wieder frisch, wenn sie 15 Minuten in lauwarmem Wasser und anschließend 30 Minuten in kaltem Wasser liegen.

Blockschokolade feinraspeln
Blockschokolade läßt sich mit einem Kartoffelschäl-
messer leicht feinraspeln. Versuchen Sie es mal!

Blumenkohl
Blumenkohl schmeckt herzhafter, wenn Sie dem Kochwasser einige grüne Blättchen zusetzen. Wenn Sie
außerdem noch einen kleinen Schuß Essig dazu geben,
behält der Kohl seine schöne weiße Farbe.

Bohnen, grüne
Grüne Bohnen enthalten im rohen Zustand ein Gift
und dürfen deshalb nur gekocht gegessen werden.
Wenn sich die Bohnen schlecht abziehen lassen, legt
man sie kurz in kochendes Wasser.

Bowle aufsetzen
Damit sich der Alkohol nicht so schnell verflüchtigt,
muß man Bowle mit kalten Getränken anrichten.

Brandteig
Um zu vermeiden, daß Ihnen der Brandteig beim Bak-
ken anklebt, benetzen Sie das Backblech mit kaltem
Wasser. Das Gebäck löst sich dann leicht vom Blech
und erhält eine glatte Unterfläche.

Braten
Margarine mit einem Stückchen Butter bräunt besonders gut.

Braten, aufgewärmter
Aufgewärmter Braten, den man in gefettetes Pergamentpapier oder in Alufolie wickelt, bleibt im Backofen wundervoll zart.

Bratenfleisch
Damit dem Bratenfleisch beim Bratvorgang nicht soviel Fleischsaft aus den Poren tritt, empfiehlt es sich,
das Fleisch erst einmal in heißem Fett zu wenden. Das
Fleisch bleibt sehr saftig und wird schön braun.

Bratenfleisch aufwärmen
Bratenfleisch kann man auch aufwärmen, indem man
die Soße zuerst erhitzt und das aufgeschnittene Fleisch
einige Minuten darin ziehen läßt.

Bratenfleisch schmeckt besser
Schweinebraten, Rinderbraten, Hammelbraten usw.
schmecken pikanter, wenn man sie dünn mit Senf bestreicht, dann salzt, pfeffert und mit anderen Gewürzen versieht. Einige Stunden einwirken lassen.

Bratensoßen
Gibt man eine Prise Zucker hinzu, erhalten Bratensoßen einen besonders schönen dunklen Glanz.

Bratkartoffeln
Bratkartoffeln bekommen eine schöne goldgelbe Farbe, wenn die Scheiben vor dem Braten leicht mit Mehl
bestäubt werden.

Bratwürste braten

Wußten Sie schon, wie man Bratwürste behandelt, damit sie nicht platzen? Überbrühen Sie die Würste mit kochendem Wasser, und trocknen Sie sie dann vor dem Braten ab. Die Hitze in der Pfanne darf nicht zu groß sein, sonst werden sie nur braun und braten nicht durch. Gewendet werden sie mit zwei Kochlöffeln.

Brot, altes

Altes und vertrocknetes Brot wird wieder backofenfrisch (und weich), wenn es für kurze Zeit mit einem feuchten Tuch umwickelt wird und 20 bis 30 Minuten im Backofen neu überbacken wird.

Brot, frisches

Frisches Brot läßt sich recht gut aufschneiden, wenn man das Brotmesser vorher anwärmt.

Brot, Kunststoffhülle fürs

Wenn Sie keinen Brotkasten haben, bleibt die Schnittfläche des Brotes auch in einer Kunststoffhülle für längere Zeit frisch.

Brot toasten

Haben Sie keinen Röster? Sie können auch Brot auf der Herdplatte toasten, wenn Sie etwas Stanniolpapier unterlegen. (Aluminiumfolie geht ebenfalls.)

Brötchen und Brot aus der Tiefkühltruhe

Nicht immer bekommt man kurz vor Ladenschluß

noch Brötchen. Wenn Sie Brötchen auf Vorrat einfrieren (in Plastiktüten verpackt) und die tiefgefrorenen Brötchen bei Bedarf ca. 5 Minuten im Backofen bei 200° aufbacken, so können Sie selbst am Sonntagmorgen frische Brötchen haben. Übrigens, frisches Brot läßt sich auch auf Vorrat einfrieren; Sie brauchen es nur aufzutauen. Probieren Sie diesen Tip einmal aus; Sie werden erstaunt sein, daß die Backwaren genauso frisch aus der Tiefkühltruhe (Gefrierfach im Kühlschrank) herauskommen, wie Sie sie hineingesteckt haben.

Brühwürfel
Brühwürfel dürfen nie mitgekocht werden, weil sie sonst ihr Aroma verlieren; man setzt sie einfach der heißen Flüssigkeit zu.

Büchsenmilch
Büchsenmilch in der Dose hält sich länger frisch, wenn die Öffnung der Dose mit einem Klebestreifen verschlossen wird.

Butter aus dem Papier nehmen
Butter löst sich ohne Rückstände von dem Papier, wenn man sie einige Minuten in kaltes Wasser legt.

Champignons
Champignons beträufelt man beim Kochen mit Zitrone, dann bleiben sie schön hell.

Champignons reinigen

Frische Champignons lassen sich mit einem Schaumgummischwamm leicht unter fließendem Wasser reinigen.

Dickmilch

Um in kurzer Zeit aus Frischmilch Dickmilch zu machen, ist Buttermilch ein einfaches Hausmittel; auf
eine Schüssel Milch langen 2 Eßlöffel Buttermilch.

Doseninhalte leicht herausgehoben

Um einen festen Doseninhalt (z. B. Wurst) in einem
Stück aus der Dose zu bekommen, schneidet man einfach beide Deckel ab. Dann läßt sich der Inhalt leicht
herausschieben und appetitlich anrichten.

Eidotter halten sich länger frisch

Übriggebliebene Eidotter halten sich längere Zeit ohne
einzutrocknen frisch, wenn sie in eine Tasse mit kaltem Wasser gelegt werden.

Eier, gekochte und rohe

Wenn rohe und gekochte Eier durcheinandergeraten
sind, kann man sie auseinanderhalten, indem man sie
dreht. Dreht sich das Ei längere Zeit, ist es gekocht;
bleibt es bald liegen, ist es roh.

Eier, geplatzte

Geplatzte Eier laufen beim Kochen nicht aus, wenn Sie
schnell etwas Essig zugeben.

Eier, hartgekochte
Hartgekochte Eier lassen sich gut pellen, wenn man die Schale nach dem Abschrecken brüchig klopft, ein Stückchen entfernt und das Ei nochmals in kaltes Wasser legt.

Eier platzen nicht
Spült man Eier vor dem Kochen mit kaltem Wasser ab, platzen sie nicht so schnell. Noch sicherer ist es, wenn man sie mit einem (käuflichen) Eierpicker an der dicksten Stelle (da sitzt die Luftblase) ansticht.

Eier für Salate kleinschneiden
Eier für Salate lassen sich einfach in kleine Würfel schneiden, wenn man sie kreuz und quer im Eischneider würfelt.

Eintopf
Wenn Ihnen der Eintopf oder Ihr Gemüse zu suppig gerät, weil sie zuviel Flüssigkeit genommen haben, dann geben Sie unter ständigem Rühren etwas Püreepulver ins Essen. Alles wird schön sämig, und der Geschmack ist unverändert.

Einwecken ohne einzukochen
Ohne einzukochen kann man Obst, Gemüse usw. einmachen, wenn man das Glas mit dem abgekochten Obst bis zum Rand ziemlich voll füllt und einen angefeuchteten Gummiring auf den Rand legt; dann zündet man ca. 2 Löffel reinen Alkohol (Weingeist) auf der

Innenseite des Deckels an und drückt den Deckel noch brennend auf das Glas. Die Flamme verbrennt den noch im Glas befindlichen Sauerstoff und schließt und konserviert den Inhalt somit luftdicht.

Endiviensalat
Salat fällt nicht zusammen und bleibt lange Zeit frisch, wenn er mit Zitronensaft zubereitet wird.

Erbsen, grüne
Grüne Erbsen behalten ihre schöne appetitliche Farbe, wenn Sie während des Kochens etwas Zucker beifügen.

Essig selber herstellen
Essig können Sie von Fallobst selber herstellen. Geben Sie die kleingeschnittenen Obststücke in einen Glasbehälter (keine Metallgefäße verwenden), überbrühen Sie sie mit heißem Wasser und lassen Sie das Obst darin gären. Nach dem Gären wird der Saft durch ein Tuch abgepreßt und in Flaschen gefüllt.

Fett, aufspritzendes
Es kommt oft vor, daß Fett beim Braten oder Anbraten in der Stielpfanne aufspritzt. Geben Sie ein paar Körnchen Salz ins Fett, das Spritzen hört dann sofort auf.

Fische, frische
Einen frischen Fisch erkennt man an den roten Kie-

men, dem festen Fleisch, den festsitzenden Schuppen und an den kaum eingefallenen Augen.

Fischgeruch
Wußten Sie, daß sich Fischgeruch an den Händen leicht durch Abreiben mit Zitronen- oder Tomatensaft entfernen läßt?

Fisch schuppen
Fisch läßt sich viel leichter schuppen, wenn man ihn kurz in heißes Wasser legt und ihn mit kaltem Wasser abschreckt.

Fleischbrühe
Durch ein paar Zwiebelschalen erhält blaß aussehende Fleischbrühe eine goldgelbe Farbe. Versalzene Fleischbrühe ist noch gut eßbar, wenn man einige Einlagen (Nudeln, Mohrrüben usw.) darin mitkocht.

Fleisch, eingefrorenes
Eingefrorenes Fleisch muß langsam aufgetaut werden; aufgetautes Fleisch kann nicht mehr eingefroren werden.

Fleisch, gebratenes
Bratenfleisch wird besonders saftig, wenn man es vor dem Anbraten kurz in kochendes Wasser taucht, es abtrocknet und dann in die Pfanne oder den Topf gibt.

Fleisch grillen

Wenn Sie Fleisch oder Wurst grillen, streuen Sie etwas Zucker darüber. Es wird schnell braun und knusprig; der Braten wird dadurch nicht süß, und der Geschmack bleibt unverändert.

Fleisch, hartes

Wird hartes Fleisch nicht gar? Übergießen Sie es mit einem Löffel Cognac. Selbst bei altem Geflügel kann dieses Hausmittel angewandt werden, ohne daß der Geschmack vom Fleisch beeinträchtigt wird. Der Cognac verliert seinen Eigengeschmack und ist nicht wahrnehmbar.

Fleisch, rohes

Fleisch nimmt im rohen Zustand schnell fremde Gerüche an; deshalb sollte es nie auf einem Holzteller liegen.

Fleisch bleibt saftiger

Gebratenes und gekochtes Fleisch bleibt saftiger, wenn Sie es vor dem Zerschneiden ein paar Minuten lang in der Soße oder im Bratensud liegenlassen.

Fleisch mit Speck spicken

Fleisch läßt sich leicht mit Speckstreifen spicken, wenn man sie geschnitten für einige Zeit ins Gefrierfach legt und die Finger beim Spicken mit etwas Salz griffig macht.

Fleisch waschen

Waschen Sie Fleisch nur in heißem Wasser; kaltes Wasser entzieht dem Fleisch einen Teil der wichtigen Nährstoffe.

Forellen

Wenn sich Forellen beim Einlegen in heißes Wasser leicht krümmen, ist das ein sicheres Zeichen dafür, daß der Fisch frisch ist. Forellen sollen sofort nach dem Schlachten zubereitet werden.

Gänse

Gänse kann man leicht auf Alter hin prüfen; bei jungen Gänsen ist der Schnabel hell gelb, und die Schwimmhäute lassen sich leicht einreißen.

Gebäck

Gebäck sollte man erst dann ins Backfett legen, wenn dieses nicht mehr hörbar siedet; dadurch erreicht man, daß das Backgut nicht zuviel Fett aufnimmt.

Gebäck aufbewahren

Backwerk sollte stets in gut verschließbaren Dosen aufbewahrt werden, die kühl und trocken verwahrt werden.

Gebäck, braune Krusten an

Kuchen bekommt eine besonders schöne Kruste, wenn man das Gebäck kurz vor dem Einschieben in den Backofen mit etwas Milch bestreicht.

Gebäck klebt nicht mehr an

Damit sich Gebäck leichter von der Backform löst, sollte man nach dem Einfetten die Form mit Paniermehl oder Mehl ausstreuen. Das Gebäck läßt sich leichter herausnehmen und bekommt außerdem eine zarte Kruste.

Geflügelbraten zubereiten

Wußten Sie, das Geflügelbraten wunderbar knusprig wird, wenn man ihn kurz vor dem Anrichten mit Bier übergießt und noch einmal kurz in den Backofen stellt? – Übrigens bleibt der Geflügelbraten saftiger, wenn man nach dem Anbraten etwas Wasser zugibt.

Geflügelleber

Wenn an Geflügelleber noch Galle (gelbe Teilchen) haftet, können Sie sie in heißem Wasser (bis zu 80° C) mühelos entfernen.

Geflügelsuppe zubereiten

Will man eine Geflügelsuppe zubereiten, setzt man das Fleisch in kaltem Wasser auf. Dadurch zieht der Fleischsaft in die Suppe. Möchte man jedoch lieber saftiges Fleisch essen, legen Sie das Geflügel sofort in das kochende Wasser. Die Poren schließen sich, und das Fleisch bleibt saftiger.

Gemüse

Wenn Sie Gemüse kochen oder dünsten, geben Sie das Kochsalz erst am Schluß hinzu. Verschiedene

Nährstoffe bleiben besser erhalten, der Würzeffekt ist größer, und Sie benötigen eine kleinere Salzmenge.

Gemüse im Backofen

Wenn für ein größeres Familienfest die Kochtöpfe für die verschiedenen Gemüsesorten nicht reichen, verwenden Sie folgenden Kniff: Öffnen Sie alle Dosen, und stellen Sie sie nebeneinander auf den Rost des Backofens (bei ca. 200° C). Alles wird gleichzeitig fertig. Die Brühen werden ausgegossen, und das Gemüse wird auf der Platte verteilt, gewürzt und mit zerlassener Butter übergossen.

Gewürz, pikantes

Soßen und Suppen erhalten einen pikanten, ganz besonders feinen Geschmack, wenn Sie folgenden Kniff anwenden: Nehmen Sie hierzu Pilze, waschen Sie diese ab, schneiden Sie die Pilze in Ringe, und lassen Sie diese aufgefädelt trocknen. Die getrockneten Pilze werden danach durch eine Pfeffermühle gedreht. In einem verschließbaren Glas kann man das gemahlene Pilzpulver einige Zeit lang aufbewahren. Freunde und Bekannte werden Sie um Ihre ausgezeichneten Würzkünste beneiden.

Gulasch

Gulasch bekommt eine schöne braune Farbe und wird schmackhafter, wenn man das Fleisch vor dem Anbraten leicht mit Mehl bestäubt.

Gurken schälen

Gurken werden immer von der Blüte zum Stielende geschält. Der bittere Saft bei Gurken befindet sich am Stielende und wird durch falsches Schälen über die ganze Gurke verteilt. Oder man probiert, ob die Gurke an den Enden nicht bitter ist, sonst schneidet man soviel ab, bis der Geschmack einwandfrei ist.

Hammelfleisch schmeckt wie Wild

Legt man Hammelfleisch mehrere Tage lang in Buttermilch, schmeckt es wie Wildfleisch. Selbst Ihre Familie wird den Unterschied nicht merken.

Hasen einkaufen

Das Fleisch junger Hasen ist schmackhafter und nicht so zäh, wie das von alten Tieren. Bei jungen Hasen sind die Ohren noch weich und die Zehennägel noch nicht abgelaufen. Beim Einkaufen achten Sie auf frische Tiere; sie lassen sich an den noch nicht eingefallenen Augen erkennen.

Hasenfleisch, zartes

Vor dem Braten soll Hasenfleisch einen Tag lang in saure Milch oder Buttermilch gelegt werden. Das Fleisch wird so besonders zart und schmackhaft.

Hefe auflösen

Zerkrümelte Hefe läßt sich noch schneller auflösen, wenn man sie mit etwas Zucker verrührt und dann in die warme Milch gibt.

Hefegebäck wird bekömmlicher

Wußten Sie, daß Hefegebäck auch für Magen- und Gallenkranke bekömmlicher wird, wenn man einen Teelöffel Ingwer in den Teig gibt?

Hefekuchen backen

Mischen Sie etwas Rum unter den Hefeteig. Der Kuchen schmeckt dann herzhafter und aromatischer.

Heringe braten

Legt man Heringe vor dem Braten in Essigwasser, fallen sie beim Braten nicht auseinander.

Honig, eingetrockneter

Eingetrockneten Honig kann man in einem Wasserbad von 40 bis 50° wieder verflüssigen. (Niemals direkt erhitzen, da sonst wertvolle Bestandteile zerstört werden.)

Hülsenfrüchte zubereiten

Hülsenfrüchte brauchen vor dem Kochen nicht eingeweicht zu werden, wenn man sie mit ein wenig Natron aufsetzt. Hülsenfrüchte sollte man erst kurz vor dem Garwerden salzen, da sie sonst wesentlich länger kochen.

Kaffee aufwärmen

Kalter Kaffee sollte nur im Wasserbad aufgewärmt werden, damit er nicht sein Aroma verliert. Noch ein kleiner Tip: geben Sie eine kleine Prise Salz und eine

Prise Kakao ins Kochwasser, und brühen Sie den Kaffee erst dann auf; der Kaffee bekommt dadurch ein besonders kräftiges Aroma.

Käse bleibt länger frisch
Käse bleibt lange Zeit frisch, wenn Sie ihn in ein in Essig getränktes Tuch einschlagen. Das empfiehlt sich auch, wenn der Käse in den Kühlschrank gelegt wird.

Käse, hartgewordener
In frischer Milch wird hartgewordener Käse wieder weich.

Käsekuchen
Käsekuchen geht besonders schön auf, wenn man ihn nach halber Backzeit rasch aus dem Ofen nimmt und die Fülle mit einem Messer vom Teigrand löst. Danach muß der Käsekuchen sofort wieder in den Ofen gestellt werden.
Käsekuchen wird lockerer und pikanter, wenn man ein Gläschen Rum oder Weinbrand untermischt.

Kakao, dicker und aromatischer
Wenn Sie gerne Kakao trinken, wird Sie dieser Tip sicher interessieren. Kakao wird dicker und aromatischer, wenn er zweimal aufgekocht wird.

Karotten zubereiten
Man erspart sich das Schälen oder Schaben, wenn man die Möhren nach dem Waschen mit Salz abreibt.

Kartoffeln, angebrannte

Sollten Ihnen einmal Kartoffeln anbrennen, so ist dieses kein Grund, sie wegzuwerfen. Schütten Sie die nicht angebrannten Kartoffeln in einen neuen Topf, geben Sie kaltes Wasser und Salz hinzu, und kochen Sie die Kartoffeln neu auf. Sie werden sehen, daß kein Brandgeschmack mehr zurückbleibt.

Kartoffeln schneller zubereiten

Wußten Sie eigentlich, daß Kartoffeln schneller gar werden, sobald man einen Teelöffel voll Margarine ins Kochwasser gibt? Das Fett erhöht den Siedepunkt des Wassers, und bei gut verschlossenem Deckel können Sie einige Zeit schneller kochen.

Kartoffeln, schnittfeste

Kartoffeln für den Salat sollen schön fest bleiben. Es empfiehlt sich deshalb, sie wie Reis oder Nudeln direkt ins kochende Wasser zu geben; sie werden dann nicht mehlig. (Nur geeignet bei ganz frischen Kartoffeln.)

Kartoffeln mit schwarzen Flecken

Kartoffeln mit schwarzen Flecken werden wieder weiß, wenn man dem Kochwasser etwas Essig zugibt. Die Kartoffeln nehmen den Essiggeschmack nicht an; die Flecken verschwinden aber.

Kartoffeln, welke

Auch welke Kartoffeln lassen sich noch gut schälen, wenn man sie einige Zeit in kaltes Wasser legt.

Kartoffelscheiben für Salat
Probieren Sie es einmal: Kartoffeln lassen sich im Eischneider schnell und ohne Mühe in gleichmäßige Scheiben schneiden.

Kartoffelstücke im Sauerkraut
Kartoffelstücke im Sauerkraut werden nicht weich, weil die Säure vom Kraut eine Schicht bildet, die das Garwerden der Kartoffel verhindert. Kartoffeln müssen daher in einem gesonderten Topf gekocht werden.

Klöße aufwärmen
Übriggebliebene Klöße lassen sich wieder gut aufwärmen, wenn Sie sie in kaltes Wasser legen und sie aufkochen lassen. Sobald sie im heißen Wasser hochkommen, sind sie gut und schmecken wie frisch.

Kohl zubereiten
Kohl ist leichter bekömmlich, wenn dem Kochwasser ein paar Kümmelkörner zugesetzt werden.

Kohlrabi
Wenn man Kohlrabis im Ganzen kocht und dann erst kleinschneidet, bleibt das Aroma besser erhalten. Außerdem können Sie die holzigen Stellen besser erkennen und ausschneiden.

Kokosmakronen
Kokosmakronen lassen sich nach dem Backen besser vom Blech nehmen, wennn man sie ganz erkalten läßt.

Fettgebackenes muß man dagegen sofort vom heißen Blech lösen.

Kompott verfeinern
Kompott schmeckt besser, wenn man nach dem Kochen etwas zerlassene Butter zufügt und es dann kalt stellt.

Kruste, delikate
Wußten Sie schon, daß Fleisch, gebackener Fisch, Gemüse usw. eine sehr delikate Kruste bekommen, wenn man dem Paniermehl etwas geriebenen Käse zufügt?

Kuchen, lockerer
Kuchen wird besonders locker, wenn man einige Tropfen Essig unter den Teig rührt. Mürbeteig bröckelt dann nicht mehr so leicht.

Kuchen vom Blech lösen
Sollte sich frischgebackener Kuchen nur schlecht vom Blech lösen lassen, so stellt man das heiße Blech einige Minuten auf ein nasses Tuch.

Kuchenteig an den Händen
Mancher Kuchenteig läßt sich nur schlecht formen, da er ständig an den Händen kleben bleibt. Reiben Sie die Hände mit etwas Speiseöl ein, so haben Sie keine Schwierigkeiten mehr.

Leber, dünn geschnittene
Essen Sie gerne dünn geschnittene Leber? Dann kau-

fen Sie die Leber nur noch in einem Stück, und lassen Sie sie im Eisfach anfrieren. Mit einer Brotmaschine läßt sich die gefrorene Leber in dünne, gleichmäßige Scheiben schneiden.

Leber enthäuten
Leber läßt sich leicht enthäuten, wenn man sie kurz in heißes Wasser legt.

Leber salzen
Wußten Sie schon, daß man Leber und Nieren erst nach dem Garwerden salzen soll, da sie sonst hart werden?

Mandeln enthäuten
Wenn man Mandeln mit kochendem Wasser überbrüht, sie einige Minuten aufweichen läßt und dann mit kaltem Wasser abschreckt, lassen sie sich ohne Schwierigkeiten enthäuten.

Marmelade, schimmlige
Marmelade oder Gelee schimmelt im Sommer leicht. Dennoch ist der Brotaufstrich eßbar. Heben Sie die Schimmelschicht vorsichtig mit einem Löffel ab, und bestreuen Sie die Oberfläche mit Zucker. Wenn das nicht hilft, muß man den Inhalt neu aufkochen.

Marmelade würzen
Einen verfeinerten und aromatischen Geschmack bekommt Marmelade durch etwas Ingwer oder Zimt.

Marzipan frischhalten
Marzipan bleibt frisch und trocknet nicht aus, wenn man es in einem feuchten Tuch aufbewahrt.

Mehl klumpt nicht
Soll Mehl im Wasser aufgelöst werden, klumpt es nicht, wenn man eine Prise Salz untermischt.

Mehlstreuer
Mehlstreuer finden sich nur in wenigen Küchen, dabei sind sie überaus praktisch, denn man kann damit Fleisch gleichmäßig bemehlen und Gemüse mit Mehl bestäuben, ohne daß es Klümpchen gibt. Sie gewinnen diese kleine Küchenhilfe, wenn Sie eine Zuckerdose oder einen Wäschesprenger mit Mehl füllen.

Melonen, süße
Melonen schmecken aromatischer und die Süße dieser Frucht kommt besser zur Geltung, wenn die geschnittenen Melonenstückchen mit ein wenig Salz bestreut werden.

Milch, in Aluminiumtöpfen angebrannte
Angebrannte Milch entfernt man aus Aluminiumtöpfen, wenn man eine Zwiebel darin kocht. Das Angebrannte steigt als Schaum nach oben.

Milch brennt nie an
Wußten Sie, daß Milch nie anbrennt, wenn man 1 bis 2 Eßlöffel Zucker in den Kochtopf gibt?

Mohrrüben

Mohrrüben bekommen einen herzhaften Geschmack, wenn man sie mit einem Schuß Apfelsaft abkocht.

Nudelgerichte, pikante

Nudelgerichte schmecken erst richtig gut, wenn man dem heißen Kochwasser etwas Fleischbrühe zugibt.

Obst einkochen

Rhabarber, Pflaumen und anderes Obst braucht beim Einkochen nur halb so viel Zucker, wenn man es vorher mit etwas Natron aufkocht.

Paniermehl

Übriggebliebenes und gebrauchtes Paniermehl sollte nicht aufbewahrt werden, da es nach dem Panieren von Fisch oder Fleisch leicht schlecht wird und dann giftig werden kann.

Paprika

Paprika sollte nicht geröstet werden; die Speisen werden sonst bitter und scharf. (Ursache ist der Zuckergehalt des Paprikas.)

Pellkartoffeln

Pellkartoffeln schmecken wie Salzkartoffeln, wenn man sie nicht ganz weich kochen läßt, sie schält und sie dann ca. 5 Minuten lang in frischem kochendem Salzwasser kochen läßt. Sie werden dann wie Salzkartoffeln zubereitet; man gießt sie ab und dämpft sie.

Pellkartoffeln für Kartoffelsalat

Pellkartoffeln für Kartoffelsalat läßt man nach dem Abgießen zugedeckt stehen, bis sie handwarm und angenehm zu pellen sind. So erhalten sie ein glänzendes Aussehen und werden nicht so leicht breiig.

Pergamentpapier, klebendes

Rohes Fleisch und Hackfleisch bleiben leicht am Pergamentpapier kleben. Wenn man das Papier von außen mit kaltem Wasser befeuchtet, läßt sich das Fleisch mühelos von der Umhüllung lösen.

Petersilie

Petersilie und Schnittlauch, die im Wasser so schnell verderben, bleiben im Kühlschrank 10 bis 12 Tage lang frisch, wenn sie in Plastiksäckchen oder gut verschließbaren Dosen aufbewahrt werden.

Pfannekuchen backen

Wenn man einen Schuß Bier in den Teig gibt, wird der Pfannekuchen besonders schön und locker.

Pilze zubereiten

Frische Pilze sollten schnell verbraucht werden und dürfen nicht lange lagern. Sie bilden sonst ein Gift. Dunkel verfärbte Pilze sind schon verdorben und dürfen nicht mehr zubereitet werden.

Plätzchen, frischgebackene

Selbst frischgebackene Plätzchen werden in 1 bis 2

Stunden mürbe, wenn man sie auf geschnittenes Brot legt und sie in einer Blechdose aufbewahrt. Das Brot gibt Feuchtigkeit ab.

Preiselbeeren
Mischt man etwas Himbeersaft unter die Preiselbeeren, schmecken sie nicht mehr so herb.

Pudding ohne Haut
Es bildet sich keine häßliche dicke Haut auf Puddingen oder Grießspeisen, wenn man sie noch vor dem Erkalten mit Zucker bestreut. Der Zucker schmilzt auf dem warmen Pudding, und dieser Zuckersaft verhindert die Hautbildung.

Puderzucker selbst herstellen
Aus Zucker kann man ohne große Mühe Puderzucker (Ersatz) machen, wenn man den Zucker auf der Tischplatte mit einer Nudelrolle zerreibt.

Rebhuhn auf Alter prüfen
Wenn Sie viel Wild essen, werden Sie es vielleicht wissen; junge Rebhühner haben strohgelbe Beine und dunkle Schnäbel. Alte Rebhühner erkennen Sie beim Einkaufen an den stahlblauen Füßen, den weißen Beinen und den weißen Schnäbeln.

Rindfleisch einkaufen
Hellrotes Fleisch kommt von jungen Tieren; dunkles Fleisch ist meist zäh und stammt von älteren Tieren.

Langfaseriges Rindfleisch ist immer zäh und kommt meistens von einer Kuh.

Rosenkohl
Rosenkohl wird nicht grau, wenn er erst nach dem Kochen gesalzen wird.

Rosinen sinken nicht in den Kuchenteig
Rosinen, Nüsse, Zitronat und andere Backzutaten sinken nicht im Kuchenteig nach unten, wenn man sie nach dem Abwaschen leicht mit Mehl bestäubt.

Rumfrüchte
Sofern Rumfrüchte Blasen zeigen, fangen sie an zu verderben. Kochen Sie die Früchte auf, sie werden dann wieder genießbar.

Rühreierberg
Wenn Sie gerne Rührei essen, wird Sie dieses sicherlich interessieren: Geben Sie etwas Büchsenmilch hinzu; die Eier werden viel lockerer und der Berg um die Hälfte größer.

Rührei, pikante
Rührei bekommen einen pikanten Geschmack, wenn zu jedem rohen Ei ein knapper Teelöffel geriebener Käse gegeben wird. Besonders kräftig ist Parmesankäse.

Saft, mehr aus Orangen und Zitronen
Zitronen und Orangen geben mehr Saft, wenn die
Früchte vor dem Auspressen einige Male auf dem
Tisch hin und her gerollt oder kurze Zeit in heißes
Wasser getaucht werden.

Sahne wird ergiebiger und bekömmlicher
Frische Schlagsahne wird ergiebiger und ist nicht so
fett, wenn man vor dem Schlagen etwas Eiweiß untermischt. Für einen halben Liter Sahne rechnet man ein
Eiweiß.

Salzgebäck, knusperiges
Salzstangen und Brezeln, Chips und ähnliches Salzgebäck verlieren nach längerem Lagern oder Öffnen
der Beutel leicht an Knusperigkeit. Schieben Sie die
Sachen kurz in den Backofen, dann wird das Gebäck
wieder röstfrisch und knusprig.

Schinken, geräucherter
Geräucherter Schinken wird durch langes Aufbewahren hart; man schneidet ihn dann in dünne Scheiben
und legt ihn 10 bis 15 Minuten lang in frische Milch.

Schlagsahne
Sollte während der warmen Jahreszeit Schlagsahne
nicht steif werden, geben Sie unter ständigem Schlagen
ein paar Tropfen Zitronensaft hinzu. Erst nachdem
die Sahne steif ist, Zucker und Vanillezucker unter-
schlagen.

Schlagsahnevorrat, gefrorener
Wenn Sie zum Garnieren von Dessert kleine Mengen
Sahne brauchen, empfiehlt sich folgender Tip: Spritzen
Sie aus einem Beutel kleine Sahnetupfer auf einen
Teller, und stellen Sie diesen dann ins Gefrierfach. Die
gefrorenen Sahnetupfer können Sie anschließend in
einen Plastikbehälter legen; so haben Sie immer einen
Sahnevorrat zum Garnieren.

Schmalzgebäck
Wußten Sie, daß Schmalzgebäck weniger Kalorien hat,
wenn Sie einen Löffel Essig unter den Teig mischen?
Das Fett zieht dadurch nicht so leicht in das Gebäck
ein, und es wird nicht so »schwer«.

Schokoladenguß
Schokoladenguß läßt sich sehr viel leichter gleichmäßig auftragen, wenn man die Schokoladenblöcke
mit einem Stück Palmin auflöst.

Schweinebraten
Wußten Sie, daß Schweinebraten einen sehr pikanten
Geschmack erhält, wenn man einige Wacholderbeeren
beifügt?

Seefische braten
Seefische, insbesondere Seezungen, Schollen usw.,
schmecken besser, wenn man die lederartige, graue
Haut vor dem Braten abzieht.

Sellerie, gekochte

Gekochte Sellerie wirkt oft auf dem Tisch grau und schmutzig. Legt man die Knollen vor dem Kochen einige Stunden in Essigwasser, bleiben sie wunderbar weiß.

Senf, eingetrockneter

Mit etwas Essig, etwas Öl und einer Prise Zucker wird eingetrockneter Senf wieder aufbereitet. Denken Sie daran: man verhindert das Eintrocknen, wenn man etwas Milch und Salz untermischt.

Spargel, geschälter

Geschälter Spargel hält sich in einem feuchten Essig- oder Salzwassertuch frisch.

Speisen aufwärmen

Fast alle Speisen lassen sich ohne Anbrennen und ohne Geschmacksveränderung in einem Wasserbad wieder aufwärmen. In einen größeren, mit Wasser gefüllten Topf setzt man den Speisetopf und läßt ihn so kochen.

Speisen, gesalzene einfrieren

Gesalzene Speisen können nicht so lange eingefroren im Gefrierschrank aufbewahrt werden, wie ungesalzene. Salz verkürzt die Lagerzeit ungefähr auf ein Drittel der allgemein üblichen Lagerzeit.

Speiseöl

Durch eine Prise Salz bleibt Speiseöl klar und wird nicht dick.

Speiseöl aufbewahren

Speiseöl ist empfindlich gegen Licht und Sonne. Man sollte Öl deshalb an einem dunklen Ort aufbewahren.

Tabak aufbewahren

Tabak bleibt in einer geschlossenen Dose länger frisch und feucht, wenn man einige Kartoffel- oder Apfelschalen beilegt.

Tomaten

Tomaten lassen sich sehr leicht schälen, wenn man sie kreuz und quer mit kleinen Einschnitten versieht und dann kurz in heißes Wasser hält.

Tomaten, weiche

Weiche Tomaten werden wieder fester, wenn man sie einige Zeit in kaltes Wasser legt.

Torten, frische schneiden

Frische Torten lassen sich nur mit einem erwärmten oder in heißes Wasser getauchtem Messer sauber in Stücke schneiden.

Tortenböden

Wann machen Sie Ihren nächsten Obstkuchen? Denken Sie daran: Tortenböden, die mit Obst belegt werden sollen, bestreicht man vorher mit Eiweiß; sie weichen dann nicht durch.

Trauben aufbewahren

Weintrauben faulen und vertrocknen auch bei längerem Lagern nicht, wenn Sie folgendes beachten: Entfernen Sie die angefaulten Trauben, bestreichen Sie das Stielende mit Wachs oder Siegellack, und hängen Sie die Weintrauben an einem Faden freischwebend auf.

Vanillespeisen

Wußten Sie, daß man Vanillespeisen nie lange aufheben darf? Vanille entwickelt in Milchspeisen ein Gift, das Magenkatarrh hervorruft.

Walnußkerne

Wenn Sie alte Walnußkerne 2 bis 3 Tage lang in frisches Wasser legen, schmecken sie wieder frisch; außerdem läßt sich so auch die Haut leichter abschälen.

Weine richtig lagern

Weine lassen sich am besten bei einer gleichbleibend kühlen Temperatur von 8 bis 10° C lagern. Dabei sollten Sie darauf achten, daß Süßwein stehend gelagert wird. Hingegen darf Rotwein und Weißwein nur liegend gelagert werden. (Der Korken darf niemals austrocknen). Wein sollte nach einem Transport einige Tage ruhen.

Wein in Würfeln

Füllen Sie Weinreste in Eiswürfelbehälter, und lassen

Sie dies gefrieren. So haben Sie zum Abschmecken von Saucen immer einen »Würfel« Wein.

Wirsingkohl/Grünkohl
Wirsingkohl bzw. Grünkohl schmeckt erst dann richtig, wenn er Frost bekommen hat; er wird dadurch milde und auch leichter bekömmlich.

Wurst und Käse vertrocknet nicht
Angeschnittene Wurst bzw. Käse vertrocknet nicht, wenn man die Schnittfläche mit Fett, Öl, Butter oder Margarine bestreicht.

Würstchen warmhalten
Sollten Sie einmal Würstchen längere Zeit warmhalten müssen, lassen Sie sie in kochendheißem Salzwasser und nur bei kleiner Flamme ziehen; auf diese Weise laugen sie nicht aus und bleiben wohlschmeckend.

würzen: pikant oder süß
Süße Speisen bekommen ihren vollendeten Geschmack erst dann, wenn man sie mit einer Prise Salz würzt; pikante Gerichte hingegen schmecken noch herzhafter, wenn man eine Prise Zucker hinzugibt.

würzen, richtig
Gewürze schalen durch zu langes Kochen aus. Würzen Sie deshalb erst am Ende des Kochens. Wußten Sie übrigens, daß Gewürze nicht gesundheitsschädlich sind? Sie regen die Verdauung an und wirken belebend.

Zitronen aufbewahren
Eine durchgeschnittene Zitrone läßt sich mindestens 14 Tage lang aufbewahren, wenn man sie mit der Schnittfläche nach unten in eine Tasse legt, deren Boden mit Zucker bestreut ist. Die Zitrone sollte kühl und trocken aufbewahrt werden.

Zitronensaft
Manchmal lohnt es sich nicht, eine ganze Zitrone aufzuschneiden und auszupressen, wenn man nur wenige Tropfen braucht. Stechen Sie einfach ein Loch in die Zitrone (vielleicht mit einem Zahnstocher), dann können Sie den benötigten Saft leicht auspressen. – Übrigens werden eingetrocknete Zitronen wieder saftiger, wenn man sie einige Zeit lang in lauwarmes Wasser legt.

Zwiebeln
Zwiebeln lassen sich leichter schälen, wenn diese vorher 5 Minuten in kaltes Wasser gelegt werden.

Zwiebeln, keimende
Eine kleine Weisheit: Keimende Zwiebeln hält man über eine Flamme; wenn die Spitzen abgesengt sind, bilden sich keine neuen Triebe mehr.

Zwiebelgeruch
Hat man viel rohe Zwiebeln gegessen, verschwindet der lästige Zwiebelgeruch schnell, wenn man ein Glas frische Milch trinkt.

Zwiebelgeschmack, kräftiger

Mögen Sie gerne einen kräftigen Zwiebelgeschmack in der Soße? Schaben Sie eine Zwiebel auf einer Glasreibe, und geben Sie sie ganz zum Schluß in die Soße.

Zwiebelringe, knusprige

Um gebratene Zwiebelringe möglichst knusprig zu machen, braucht man sie nur vor dem Rösten leicht mit Mehl zu bestäuben.

Zwiebelschneiden

Befeuchten Sie die Zwiebel vor dem Schneiden mit Wasser, und tauchen Sie das Messer während des Schneidens öfter in kaltes Wasser; Sie vermeiden dadurch das lästige »Weinen«. Oder, schälen Sie die Zwiebel (in einer Schüssel) unter Wasser. Übrigens, verbraucht man die kleingeschnittenen Zwiebeln nicht sofort, nehmen sie leicht einen bitteren Geschmack an.

HAUSHALT UND KÜCHE

Adressen, wasserfeste
Wenn Sie die Adresse auf einem Paket mit durchsichtigem Klebestreifen überkleben, kann sie auch bei Regen nicht verwischen.

Alabaster-Gegenstände reinigen
25 g Seife, etwas Soda und $1/2$ Liter Wasser. Mit dieser Lösung reinigt man Alabaster-Gegenstände.

Aluminiumtöpfe
Aluminiumtöpfe dürfen nie trocken erhitzt werden; sie wölben sich am Boden und verlieren ihre Standfestigkeit.

Aluminiumtöpfe auffrischen
Mit folgendem Hausmittel lassen sich unansehnlich und stumpf gewordene Töpfe wieder auffrischen: Man kocht Apfel- oder Rhabarberschalen einige Zeit darin aus und reibt dann den Topf aus. Das Gekochte kann man nicht mehr genießen.

Aluminiumtöpfe reinigen

Zur Reinigung von Aluminiumtöpfen verwendet man am besten Magnesia und spezielle Aluminiumwolle. Falsch ist es, die Töpfe mit harten Reinigungsmitteln (Metallbürsten, Scheuersand) zu reinigen.

Aufhänger

Gardinenringe sind vorzügliche Aufhänger für Schrubber oder Besen; sie verwickeln sich nicht so leicht wie Schlaufen aus Bindfaden.

Aufwisch-Geruch

Auch heute noch muß man manchen Boden feucht aufwischen, und es entsteht dabei immer ein aufdringlicher Geruch. Wenn Sie einen Schuß Terpentin ins Aufwischwasser geben, läßt sich das vermeiden.

Ausgüsse, verstopfte

Haben Sie in der Küche immer wieder Ärger mit einem verstopften Ausguß? Wenn Sie ein Stück passend geschnittenen Fliegendraht über das Ablaufloch legen, fließen keine Schmutzstücke mehr durch, und der Ausguß läßt sich leicht reinigen.

Badewannen, gelbe Flecke in

In Badewannen und Waschbecken hinterlassen tropfende Wasserhähne mit der Zeit häßliche gelbe Flecke, die sich nicht entfernen lassen. Träufeln Sie etwas Zitronensaft auf die entsprechenden Stellen, und die Flecken verschwinden.

Bernstein, glänzender
Bernstein legt man zum Säubern kurze Zeit lang in
reinen Spiritus und reibt ihn anschließend mit einem
weichen Lappen nach. Übrigens erhält der Stein einen
schönen Glanz, wenn er mit einem in Kölnisch Wasser
getauchten Läppchen nachpoliert wird.

Besen, weichgewordene
Weichgewordene Borsten/Haare an einem Besen wer-
den in einem, mit etwas Salmiakgeist angereicherten
Wasserbad wieder gestärkt.

Besenstiele polstern
Sie vermeiden Stoßstellen an Möbelstücken, wenn Sie
um den Mop-, Bohner- oder Besenstiel sorgsam
Schaumgummistreifen wickeln.

Blasen, Leukoplast gegen
Bei Putz- oder Gartenarbeit brauchen Sie Blasen an
den Händen nicht mehr zu fürchten, wenn Sie den Stiel
des Gartengerätes oder des Besens mit Leukoplast um-
wickeln.

Bohnerlappen bleiben weich
Bohnerlappen werden nicht so hart, wenn man sie in
einer geschlossenen Büchse aufbewahrt.

Briefkuverts, fest verschlossene
Briefkuverts lassen sich auch über Wasserdampf nicht
öffnen, wenn die Klebeschicht auf der Lasche dünn mit

farblosem Nagellack bestrichen wird und man den Umschlag dann fest verschließt.

Brillengläser laufen nicht an

Brillengläser laufen auch bei großen Temperaturunterschieden nicht an, wenn sie regelmäßig mit Glyzerin oder trockener Seife eingerieben werden. Anschließend mit einem Lederläppchen nachreiben.

Bügeleisen wird wieder glatt

Ist die Lauffläche des Bügeleisens mit der Zeit stumpf geworden, schmilzt man etwas Kerzenwachs darauf und reibt mit einem Lappen wieder ab. Die Lauffläche ist wieder glatt, und man kann wieder einwandfrei bügeln.

Bürsten haltbarer machen

Neue Bürsten halten länger, wenn man sie in eine Salzwasserlösung taucht und trocknen läßt.

Dokumente

Wenn man Dokumente mit feinem Lack aus einer Sprühdose überzieht, bleiben sie länger haltbar und werden widerstandsfähiger.

Eimer reinigen

Schmutzige Eimer werden nicht immer mit üblichen Reinigungsmitteln sauber; versuchen Sie es doch dann einmal mit reinem Terpentin.

Einmachgläser leicht öffnen

Manche Einmachgläser lassen sich nur recht schwer öffnen, und man muß sich sehr anstrengen. Ganz leicht geht es, wenn man das Glas umgekehrt in heißes Wasser taucht, der Deckel löst sich nach kurzer Zeit fast von selbst.

Eiswürfel herausnehmen

Eiswürfelbehälter im Gefrierfach frieren leicht fest und lassen sich dann nur schwer herausnehmen. Bestreichen Sie den Boden mit etwas Fett oder mit Kerzentalg. Der Eiswürfelbehälter friert dann nicht mehr an.

Elfenbein reinigen

Mit lauwarmem Seifenwasser oder mit Milch läßt sich Elfenbein ausgezeichnet reinigen. Mit einem weichen Lappen wird anschließend gut nachgerieben.

Etiketten, Nagellack auf

Etiketten auf Flaschen lösen sich nicht und werden nie unleserlich, wenn man sie mit klarem Nagellack überstreicht.

Farbflecke auf dem Fußboden

Wußten Sie, daß man Farbflecke auf dem Fußboden leicht mit verdünntem Essig entfernen kann?

Farbgeruch in der Wohnung

Nachdem der Maler die neurenovierte Wohnung verlassen hat, bleibt Farbgeruch noch tagelang in der

Wohnung. Mit halbierten Zwiebeln oder mehreren kochsalzgefüllten Schüsseln kann man den Geruch vertreiben.

Fenster, undichte
Fenster und Türen, von denen es zieht, prüft man mit einer brennenden Kerze. Die undichte Stelle zeigt die Kerze durch Flackern an. Mit Filzstreifen oder mit Schaumgummistreifen kann man diese Stellen abdichten.

Fensterleder bleiben weich
Wenn man Fensterleder nach Gebrauch in lauwarmem Salzwasser auswäscht, bleiben sie weich.

Fensterputzen
Gibt man dem warmen Wasser (pro Eimer zwei Eßlöffel) Brennspiritus zu, so verkürzt man das Fensterputzen. Der Zusatz bewirkt ein schnelleres Trocknen der Scheiben.

Fett, heißes, verschüttet
Sollte Ihnen einmal die Bratpfanne herunterfallen oder sollten Sie einmal heißes Fett verschütten, behalten Sie die Nerven. Schütten Sie kaltes Wasser über das Fett; es erstarrt und läßt sich dann abheben.

Fingerabdrücke an Möbeln entfernen
Fingerabdrücke an Möbeln oder an Türen können recht hartnäckig sein und müssen häufig mit viel Mühe

abgerieben werden. Versuchen Sie es mal: sie lassen sich gut mit einer Mischung aus 2 Teilen Öl und einem Teil Terpentin entfernen.

Flaschen mit klebrigem Inhalt entkorken
Auch Flaschen mit klebrigem Inhalt lassen sich leicht wieder öffnen, wenn man den Korken mit ein wenig Fett einreibt.

Fleisch, gefrorenes
Gefrorenes Fleisch, Würstchen, Rouladen, Obst usw. lassen sich kaum so einfrieren, daß sie nicht »zusammenkleben« oder fest anfrieren. Beachten Sie folgenden Kniff: man legt die Stücke einzeln auf eine Folie in das Vorgefrierfach und läßt sie 1 bis 2 Stunden anfrieren; danach können sie übereinander (zusammen) in einer Plastiktüte gelagert werden. Die Stücke frieren dann nicht mehr zusammen, und man kann jedes einzeln aussuchen und einzeln herausnehmen.

Fliegen im Zimmer
Sprühen Sie Ihre frisch gewaschenen Gardinen oder Stores einmal gründlich mit Insektenspray ein; Sie haben dann bis zur nächsten Gardinenwäsche keine Fliegen oder Motten mehr in diesen Räumen.

Fliesen reinigen
Fliesen und Kacheln werden wieder spiegelblank, wenn man sie mit schwacher Salmiakgeistlösung reinigt. Man tränkt eine Zeitung damit, reibt die Kacheln

ab und ölt sie anschließend leicht ein. Wenn Sie auch die weißen Fugen wieder auffrischen wollen, so reiben sie die Fliesen mit Schlämmkreide ab. Stark verschmutzte Kacheln lassen sich mit unverdünntem Essig ausgezeichnet reinigen.

Flüssigkeit einfüllen

Flüssigkeit rinnt schneller durch den Trichter in die Flasche, wenn man zwischen Trichter und Flaschenhals ein Streichholz klemmt, denn auf diese Weise kann die Luft schneller entweichen.

Flüssigkeit, heiße, in Gläser gießen

Damit das Glas nicht platzt, wenn man heiße Flüssigkeit hineingießt, stellt man einen Löffel mit hinein und gießt die Flüssigkeit auf den Löffel.

Fußboden, Kalkflecke auf dem

Kalkflecke auf dem Fußboden lassen sich erfolgreich mit Essig und Wasser entfernen.

Fußböden, schimmelige, reinigen

Schimmelige Fußböden reinigt man zuerst mit einem trockenen Lappen und reibt sie dann mit Terpentin ein.

Gardinenstange, kantenfreie

Spanngardinen lassen sich leicht auf die Stange ziehen, wenn Sie über die Gardinenstange einen Fingerhut stecken. Die Spanngardine gleitet mühelos herüber, ohne daß die Stange dabei ein Loch in den Stoff reißt.

Gartenmöbel aus Bambus reinigen
Besonders Gartenmöbel müssen häufig sauber gemacht werden, da sie schnell verstauben. Bambusmöbel zu reinigen ist kein Problem mehr, wenn Sie sie mit Salzwasser oder mit einer Mischung von 1 : 1 Terpentin und Leinöl abreiben.

Glassplitter aufheben
Ohne sich zu verletzen, lassen sich kleine Glassplitter einfach mit einem angefeuchteten Wattebausch aufheben.

Gläser, ineinandergestellte
Wenn Sie zwei ineinandergestellte Gläser nicht mehr auseinander bekommen, dann stellen Sie das unterste in warmes Wasser, während in das oberste kaltes Wasser gefüllt wird. Die Gläser lassen sich nun leicht auseinander nehmen.

Gläser kennzeichnen
Eine originelle Idee ist es, wenn Sie bei einer Gesellschaft die Gläser Ihrer Gäste mit dem Namen kennzeichnen; farbiger Nagellack eignet sich sehr gut dazu, er läßt sich später wieder wegwischen.

Gummiabdichtung pflegen
Die Gummiabdichtung an Gefrierschränken, Tiefkühltruhen und Kühlschränken sollte von Zeit zu Zeit mit Talkumpuder eingerieben werden. Sie wird dadurch haltbarer und dichtet besser ab.

Holzgegenstände reinigen

Holzbrettchen, -löffel und -quirle, die durch den Gebrauch unansehnlich geworden sind, sollte man mit Wasserstoffsuperoxyd abwaschen; anschließend mit heißem Wasser nachspülen und an der Luft trocknen.

Holzmöbeln, Obstflecke auf

Obstflecke auf Holzmöbeln lassen sich mit einem Wattebausch entfernen, den man in eine Mischung von Kochsalz und Öl taucht.

Hornbestecke pflegen

Wußten Sie, daß Hornbestecke nicht in heißem Wasser gespült werden dürfen, da sonst die Griffe quellen? Man reinigt sie in lauwarmem Wasser und poliert sie gut nach.

Kämme reinigen

Kämme reinigt man am besten in einer schwachen Salmiakgeistlösung, der etwas Seifenpulver zugesetzt wird. Man spült mit klarem Wasser nach. Mit einem Tuch werden die Kämme getrocknet und anschließend mit ein paar Tropfen Öl glänzend gerieben.

Kerzen

Kerzen tropfen nicht mehr, wenn man sie eine Stunde lang in Salzwasser legt. Sie brennen länger und heller, wenn man auf den flüssigen Wachs ein paar Salzkörner streut. Angeschmutzte Kerzen reinigt man mit einem in Benzin getauchten Läppchen. Kerzen, die nicht in

den Halter passen, werden mit dem Ende in heißes Wasser getaucht und lassen sich danach passend formen. Wußten Sie, daß Kerzen bis zum letzten Rest abbrennen, wenn man eine Korkscheibe mit einer Stecknadel am unteren Kerzenende befestigt?

Kerzen, Teelicht für dicke
Dicke Kerzen brennen meist nur in der Mitte ab, und der äußere Wachs bleibt stehen. Wenn Sie ein Teelicht in die Kerze stellen, leuchtet sie wie im Originalzustand. Man kann das Teelicht beliebig oft erneuern und hat eine unbegrenzt brennende Kerze.

Kochtöpfe, Griffe isolieren
Heiße Kochtöpfe lassen sich auch ohne Topflappen vom Feuer/Herd nehmen, wenn man die Griffe mit Bastfäden umwickelt.

Kochtöpfe und Pfannen
Angebrannte Stellen in Kochtöpfen und Pfannen dürfen nie mit einem scharfen Gegenstand, wie Messer oder Löffel, gereinigt werden. Oftmals verursachen diese Gegenstände Kratzer, die das Anbrennen fördern. Es ist zu empfehlen, die angebrannten Stellen sofort mit Wasser zu übergießen. Wenn der Bodensatz sich gelöst hat, kann man mit einem Schwamm oder einem Stück Schaumgummi die Reste entfernen.

Konservendosen, angebrochene
Man sollte Speisen in angebrochenen Konservendosen

nicht aufbewahren. Schon nach kurzer Zeit könnten Rückstände im Metall die Speise ungenießbar machen.

Korbgeflecht pflegen
Zum Reinigen verwendet man warmes Salzwasser und eine harte Bürste. Anschließend poliert man mit einem weichen Tuch nach.

Korken passend gemacht
Wenn Korken zu dick sind, dürfen sie nicht zuge-schnitten werden, da sie dann nicht mehr einwandfrei verschließen. Passende Korken erhalten Sie, wenn Sie kreuzweise Keile in die Korken schneiden.

Kristallglas reinigen
Kristallglas sollte niemals in Sodawasser oder in zu heißem Wasser gespült werden. Gibt man dem Spül-wasser etwas Waschblau hinzu, bekommt man es leichter und besser sauber.

Kühlschrankgeruch entfernen
Man taut den Kühlschrank ab und reinigt mit schwa-cher Sodalösung oder mit Essigwasser.

Kupfergefäße reinigen
Wenn Ihr altes Kupfergerät seine Schönheit unter einer schwärzlichen Patina versteckt, dann reiben Sie es zuerst mit Scheuerpulver, dann mit dicker Milch und anschließend mit Asche ab. So erhält das alte Kup-

ferstück seinen Glanz zurück. Wußten Sie, daß man in Kupfergefäßen keine Speisen aufbewahren sollte?

Lichtzauber im offenen Kamin

Mit ein paar Chemikalien lassen sich herrliche Farben im offenen Feuer erreichen. Kochsalz z. B. bringt die Flammen zum gelblichen Leuchten; Strontiumchlorid färbt das Feuer kräftig rot. Ganz besonders vielfältig ist Kupferchlorid, das bei verschiedenen Hölzern die Flammen bis zu sechs Farben leuchten läßt.

Luftreiniger

Ein billiger und guter Luftreiniger ist ein offener Behälter mit einem Gemisch von 5 Teilen Wasser und einem Teil reinem Terpentinöl.

Marmorplatten, Flecke auf

Marmorplatten dürfen weder mit Seife noch mit Scheuermittel gereinigt werden. Flecke reibt man mit Zitronensaft aus.

Messer, fleckige

Messer werden durch Obst leicht fleckig. Durch Abreiben mit einer rohen Kartoffel lassen sich die Flecke entfernen. Scheuersand sollte nur bei hartnäckigen Flecken verwendet werden.

Messer werden stumpf

Messer sollte man übrigens nicht in heißes Fett tauchen, sie werden dadurch stumpf.

Messing, Grünspan entfernen

Messinggegenstände setzen nach einiger Zeit leicht Grünspan an. Mit einem feinen Scheuermittel läßt sich der Grünspan entfernen; oftmals reicht jedoch schon Petroleum.

Messingteile, Lacküberzug für

Messingteile an Zierrat, an Gießkännchen oder Übertöpfen müssen häufig blankgerieben werden. Um Zeit und Arbeit zu sparen, kann man die frischgeputzten Messingteile mit einem farblosen Lacküberzug versehen, wodurch sich der Glanz lange Zeit hält.

Milchglasfenster reinigen

Verschmutzte Milchglasfenster lassen sich mit heißem Essigwasser gut reinigen.

Möbeln, Schrammen auf dunkelpolierten

Kleine Schrammen auf dunkelpolierten Möbeln beseitigt man durch Abreiben mit Speiseöl. Danach werden die Stellen mit einem weichen Tuch nachpoliert.

Möbelpflegemittel selbst herstellen

Möbelpolitur läßt sich mit Speiseöl und ein wenig Salz leicht selber herstellen; man kann auch Essig mit etwas Öl mischen und damit pflegen. Übrigens wußten Sie, daß jede käufliche Möbelpolitur besser pflegt, wenn man einige Tropfen Essig untermischt (bzw. aufs Staubtuch gibt)?

Mosaikfußböden
Wußten Sie schon, daß sich Flecke auf Mosaikfußböden leicht mit einer Zitrone abreiben lassen?

Nagelfeilen wieder sauber und scharf
Nagelfeilen werden mit der Zeit stumpf, da sich in den
Rillen Nagelstaub und Schmutz festsetzt. Wenn Sie
Leukoplast auf die Feile kleben und nach dem An-
drücken wieder herunterreißen, bleibt die Schmutz-
schicht an der Klebefläche hängen, und die Nagelfeile
ist wieder sauber und somit scharf.

Parkettböden pflegen
Sind Parkettböden mit Teppichen belegt, sollten sie
nicht gebohnert werden. Der Wachs wird beim Gehen
auf den Teppich getragen; die Wolle verklebt, und er
verschmutzt schneller.

Polstermöbelstoff, eingedrückter
Eingedrückte Stellen auf Polstermöbelstoff lassen sich
wie folgt entfernen: man befeuchtet die Stellen, legt
einige Bogen weißes Schreibmaschinenpapier darauf
und bügelt trocken. Meistens hilft dieser Ratschlag, die
Härchen des Polsterstoffes richten sich wieder auf.

Porzellan, Brandflecke auf
Brandflecke auf Porzellan lassen sich durch Abreiben
mit einem nassen Korken entfernen. Man taucht den
Korken in etwas Salz und reibt dann den Flecken kräftig aus.

Porzellan, keine eingebrannten Flecke in
Eingebrannte Stellen in helles Porzellan, die zum Beispiel durch brennende Zigaretten entstanden sind, behandelt man mit Salzsäure; läßt einige Minuten einwirken, reibt sie ab und wäscht dann anschließend mit
warmem Wasser nach.

PVC-Böden reinigen
Wenn Sie Ihre PVC-Böden gründlich reinigen wollen,
helfen oft die teuersten Mittel nicht. Sehr zu empfehlen ist geseifte Stahlwolle, mit der die Böden behandelt
werden können.

Rasierklingen, gebrauchte
Wohin mit gebrauchten Rasierklingen, die noch weiter
zum Rasieren verwendet werden sollen? Stecken Sie
die Klinge einfach mit der Schnittfläche etwa 2 mm in
die Rasierseife. Es entstehen keine Rostflecke auf der
Glasplatte, und die Rasierklinge ist immer trocken und
griffbereit.

Regenschirme auffrischen
Regenschirme verlieren nach und nach die Leuchtkraft
ihrer Farben, werden grau und trübe. Spannen Sie den
Schirm auf, und reiben Sie ihn mit einem in Spiritus getränkten Tuch ab.

Reibeisen in der Küche
Eine stumpfe Küchenreibe läßt sich durch Abreiben
mit Sandpapier wieder schärfen.

Salzstreuen im Winter
Wußten Sie, daß Salz im Winter nur bis 6 Grad minus auftauend wirkt? Bei niedrigeren Temperaturen hat Salz keine Wirkung mehr.

Schallplatten, verkratzte
Nichts ist ärgerlicher, als daß beim Abspielen von zerkratzten Platten störende Geräusche auftreten. Reibt man die Platten mit sehr feinem Maschinenöl ab, lassen sie sich wie neu gekaufte abspielen.

Schleiflackmöbel und weiße Türen
Unansehnlich gewordene Schleiflackmöbel und weiße Türen werden am besten mit Seifenlösung (der ein Schuß Petroleum beigefügt wurde) abgewaschen. Sie werden dadurch wieder wie neu und glänzen auch ohne nachpolieren.

Schnürsenkel, zerfranste
Mühelos lassen sich zerfranste Schnürsenkel wieder durch die Ösen ziehen, wenn man die Enden in farblosen Nagellack taucht.

Schränke in der Küche reinigen
Besonders durch die Kochdünste bildet sich auf den Schränken in der Küche ein schmieriger Belag, der sich nur mühsam entfernen läßt. Wenn die Schränke hoch genug sind, so daß man nicht heraufschauen kann, legen Sie Zeitungspapier darauf. Sie können es von Zeit zu Zeit gegen neues austauschen; Sie sparen Arbeit und haben immer einen sauberen Schrank.

Schubladen, klemmende
Reiben Sie die Gleitfläche mit Kernseife ein.

Schuhcreme, eingetrocknete
Eingetrocknete Schuhcreme wird wieder verwendungsfähig, wenn man etwas Terpentinöl untermischt.

Schüssel, rutschende
Rutscht Ihnen die Schüssel beim Rühren weg? Legen
Sie ein feuchtes Tuch darunter.

Schwämme reinigen
Schmutzige Schwämme reinigt man in einer Salzlösung
(125 g Kochsalz auf einen Liter Wasser).

Silberbesteck reinigen
Fleckiges Silberbesteck legt man 20 bis 30 Minuten
lang in saure Milch. Anschließend brauchen die Be-
stecke nur noch mit lauwarmem Wasser abgewaschen
zu werden.

Silbersachen laufen nicht mehr an
Silbersachen, die nur selten benutzt werden, laufen
nicht mehr an, wenn man sie in einem Plastikbeutel
aufbewahrt.

Spiegel reinigen
Angelaufene Spiegel reinigt man mit leicht angewärmtem Wasser, dem ein Schuß Spiritus und etwas Salmiakgeist beigemischt wurde.

Spielkarten reinigen

Sind Spielkarten durch den Gebrauch unansehnlich geworden, reibt man sie mit Alkohol oder mit Kölnisch Wasser ab. Nach dem Trocknen werden sie mit einem sauberen Läppchen blankgerieben.

Stärkewäsche

Sollte Sie das lästige Kleben der Stärkewäsche ärgern, so setzen Sie dem Stärkewasser etwas Salz zu.

Staubtücher reinigen besser

Staubtücher nehmen den Staub besser auf, wenn man einige Tropfen Glyzerin ins letzte Spülwasser gibt.

Steintöpfe reinigen

Steingut- und Tontöpfe nehmen vom langen Stehen einen dumpfen Geruch an. Spült man die Töpfe gründlich mit heißem, verdünnten Essig aus, ist der Geruch verschwunden.

Tapete, Fettflecke auf der

Fettflecke auf der Tapete kann man entfernen, indem man ein weißes Löschblatt darauf preßt und mit einem heißen Bügeleisen darüber bügelt.

Teekannen

Teekannen aus Porzellan bekommen mit der Zeit häßliche, braune Flecken. Sind die Flecken nicht zu alt, kann man sie mit Essig und Salz ausreiben.

Teppiche und Polstermöbel pflegen
Wußten Sie, daß man mit Essigwasser die Farben von
Teppich und Polstermöbel wieder auffrischen kann?

Teppiche säubern
Stört Sie ein auffälliger Fleck im Teppich und wollen
Sie deshalb den ganzen Teppich nicht reinigen lassen,
versuchen Sie es einmal mit Spiritus, reinem Benzin,
ungefärbtem Essig oder mit Zitronensaft. Auch mit
Feinwaschmitteln lassen sich viele Flecke erfolgreich
entfernen.

Teppiche, Schaumgummiunterlage für
Teppiche, Läufer und Vorleger werden besonders
weich, wärmend und schalldämpfend, wenn Sie unter
den Teppich eine Schaumgummiunterlage legen.

Teppichfalten
Eine Falte im Teppich kann gefährlich werden, da
man leicht darüber stolpert. Benetzen Sie die Falte
einfach auf der Rückseite mit Wasser, und lassen Sie
den Teppich etwa eine Stunde lang liegen. Wenn die
Stelle dann von der Rückseite gebügelt wird, ist die
Falte verschwunden.

Teppichfransen
Teppichfransen lassen sich ohne Bücken und ohne
Mühe mit einem Perlonschrubber glattstreichen. Wenn
man will, kann man sie auch mit einem Klebestreifen
unter dem Teppich festkleben.

Tiefkühltruhe abtauen

Ihre Tiefkühltruhe oder Ihr Gefrierfach im Kühlschrank muß von Zeit zu Zeit abgetaut und gründlich gereinigt werden. Die Wände von der Eisschicht zu befreien, ist eine mühselige Arbeit. Viel einfacher haben Sie es beim nächsten Male, wenn Sie nach dem Abtauen, die eisfreien Wände mit Glyzerin bestreichen. Die Wände gefrieren dadurch nicht so schnell, und die Eisschichten lassen sich leicht ablösen.

Töpfe, angebrannte

Sicherlich ist Ihnen schon einmal etwas angebrannt, und Sie wissen sich zu erinnern, wie schwer es war, die Töpfe wieder sauber zu bekommen. Stark angebrannte Töpfe weicht man über Nacht in starker Sodalösung auf und kocht dann eine halbe Stunde die Flüssigkeit im Topf. Manchmal langt es allerdings schon, wenn Sie den Topf sofort mit starkem Salzwasser kochen und ihn dann reinigen.

Trichter für Salz, Pfeffer, Mehl usw.

Streubehälter für Salz, Pfeffer etc. lassen sich ohne Verschütten wieder auffüllen, wenn Sie als Trichter eine abgeschnittene Tüte oder einen Briefumschlag verwenden.

Tuben öffnen

Tuben, die sich nicht öffnen lassen, muß man kurze Zeit in heißes Wasser halten.

Verchromte Teile reinigen
Verchromte Teile lassen sich mit einem weichen Lappen und etwas Mehl auf Hochglanz polieren.

Wasserhahn, tropfender
Ein tropfender Wasserhahn kann Nerven kosten, besonders in fremden Hotelzimmern oder wenn zu Hause der Klempner nicht gleich Zeit hat. Binden Sie in solchen Fällen an den Hahn einen Faden, an dem der Tropfen hinabrinnen kann. So gibt es kein zermürbendes Geräusch mehr.

Wasserstein entfernen
Am Tauchsieder oder im Wasserkessel bilden sich mit der Zeit Kalkablagerungen. Dieser Kesselstein läßt sich nur schwer entfernen. Probieren Sie folgendes: bringen Sie ein Gemisch aus Essig, Salz und Wasser zum Kochen, und lassen Sie dieses auf die Kalkablagerungen einwirken. Durch dieses Hausmittel lösen sich auch die letzten Kalkablagerungen.

Weihnachtskugeln, farblose
Wenn die Farbe auf Ihren Weihnachtskugeln abblättert, brauchen Sie sie nicht wegzuwerfen. Mit einem in Sidol getränkten Lappen läßt sich die Farbe abputzen; die Kugeln bekommen einen silbernen Glanz.

Zahnputzgläser reinigen
Läßt sich der trübe Belag auf Zahnputzgläsern durch

Ausspülen nicht mehr entfernen, so reinigen Sie die Gläser mit Essig und etwas Salz.

Zinkgefäße reinigen
Zinkbecher reinigt man in starker Sodalösung. Man kocht sie darin aus und spült mit heißem Wasser nach.

MODE, KLEIDER UND WÄSCHE

Abendkleider, lange
Lange Abendkleider können sehr hinderlich sein, besonders im Regen. Nähen Sie an den Saum des Kleides mehrere Druckknöpfe an und 30 oder 40 cm höher den anderen Teil. Durch Schließen der Druckknöpfe machen Sie in kürzester Zeit aus einem langen Abendkleid ein dreiviertellanges Kleid.

Acetatstoffe
Acetatstoffe sind sehr empfindlich gegen Parfüm. Kommt der Stoff damit in Berührung, schrumpft er zusammen und wird hart. Die Stellen lassen sich nicht wieder reparieren.

Angorakleidungsstücke waschen
Angorastricksachen wäscht man in lauwarmer Feinwaschlauge, spült in lauwarmem Wasser aus und trocknet sie in Frotteehandtüchern. (Man darf das empfindliche Stück nicht wringen oder reiben.) Mit einer weichen Bürste wird es einmal mit dem Strich und dann einmal gegen den Strich leicht aufgerauht.

Angorawolle wird weich
Pullis und Pullover aus Angorawolle werden nach dem
Waschen wieder ganz weich, wenn man in das letzte
Spülwasser einen Schuß Glyzerin gibt.

Arbeitsanzüge, schmutzige
Schmutzige Arbeitsanzüge können nicht immer direkt
in der Waschmaschine gewaschen werden. Man legt sie
über Nacht in eine Terpentinlösung und behandelt
noch vorhandene Ölflecke mit einer Terpentinseife.

Ärmelbünde, Gummifaden für
Wenn Sie beim Stricken von Taille- und Ärmelbünde
einen farblich passenden Gummifaden mitlaufen lassen, verhindern Sie, daß sich die Pullis und Jacken an
den Enden ausdehnen.

Badekappen aufbewahren
Badekappen werden über Winter weder brüchig noch
kleben sie zusammen, wenn man sie vor dem Weg-
legen hauchdünn mit Glyzerin einreibt und anschließend mit Talkum bestreut.

Badekappen sitzen wasserdicht
Wußten Sie, daß Badekappen wasserdicht sitzen, wenn
man den Kappenrand leicht mit einer Fettcreme einreibt?

Baumwollstoffe, zerrissene flicken
Baumwollstoffe lassen sich fast unsichtbar flicken; ein

passender Flicken wird möglichst aus dem gleichen Stoff zugeschnitten, in Stärke getaucht und auf die beschädigte Stelle aufgebügelt.

Bettlaken, dünngewordene
Bettlaken, die in der Mitte schon sehr dünn geworden sind, halten noch lange, wenn man sie quer durchschneidet und die äußeren Enden aneinandernäht.

Bettlaken verrutschen nicht mehr
Wenn Sie in alle vier Ecken des Bettuchs einen Knoten schlingen und das Tuch dann ins Bett stecken, verrutscht das Bettlaken beim Schlafen nicht mehr.

Bügelbrett, Silberfolie für
Ein praktischer Kniff fürs Bügeln. Wenn das Bügelbrett mit einer Metallfolie überspannt wird, erleichtern Sie sich das Bügeln. Die Silberfolie reflektiert die Hitze, und die Wäsche wird von unten gleich mitgebügelt. Sie sparen eine Menge Zeit.

Bügelfalten halten länger
Bügelfalten halten länger, wenn man den Stoff von der linken Seite befeuchtet. Danach kann man wie üblich bügeln.

Bügeln von zartem Gewebe
Zarte Spitzen sollte man stets nur unter einem dünnen Tuch bügeln, damit die Spitze des Bügeleisens das Gewebe nicht beschädigt.

Damenstrümpfe pflegen
Spült man seidige Damenstrümpfe nach dem Waschen in Essigwasser, behalten sie ihren Glanz.

Damenstrümpfe, Schmutzflecke an
Die durch Regenwetter entstehenden Schmutzflecke lassen sich mit einem weichen Radiergummi ausradieren. Vielleicht haben Sie in Ihrer Handtasche dafür noch Platz.

Damenstrümpfe waschen
Damit die Strümpfe nach dem Waschen nicht streifig werden, sollte man sie an den Fußspitzen aufhängen.

Damenstrümpfe werden wasserdicht
Wasserdicht bzw. stark wasserabstoßend werden Damenstrümpfe, wenn sie in verdünnter (1 zu 8) essigsaurer Tonerde gespült und ohne auszudrücken getrocknet werden.

Druckknöpfe übersichtlich geordnet
Schnell und übersichtlich hat man Druckknöpfe bei Bedarf zur Hand, wenn sie auf ein Stück Stoff oder Tüll gedrückt werden.

Einfädeln
Wußten Sie, daß das Einfädeln eines Fadens viel rascher geht, wenn man den Faden über einem kontrastfarbenen Blatt ins Nadelöhr führt? (Zum Beispiel bei einem schwarzen Faden ein weißes Blatt.)

Fahrradklammern in Hosen

Weit ausgestellte Hosenbeine müssen beim Fahrrad-
fahren immer geschützt werden. Wollen Sie nicht Fahr-
radklammern verwenden, nähen Sie große Druckknöpfe in den Innensaum der Hosenbeine. Sie sind
viel praktischer als Klammern; man kann sie nicht
sehen, man kann sie nicht vergessen, und die Hose bekommt keine Druckstellen.

Faltenröcke waschen

Faltenröcke machen nach dem Waschen immer viel
Arbeit beim Bügeln. Heften Sie die Falten vorher zusammen, Sie haben es dann leichter.

Farbechtheit

Will man Stoffe auf Farbechtheit hin prüfen, wäscht
man ein Muster in starker Seifenlauge und drückt es in
einem weißen Tuch aus. Bleibt das Tuch weiß, so ist
der Stoff farbecht.

Farben auffrischen

Wußten Sie, daß farbige Stoffe wieder leuchten, wenn
man sie in Essig spült? Übrigens riecht man nichts mehr
von der Behandlung, wenn man dieses vor dem eigentlichen Waschen tut.

Federn, zusammengeklumpte

Lüftet man ein Federbett kräftig mit einem Fön, wird
es wieder locker und weich. Dazu öffnet man die Naht
des Inletts etwa 4 cm und hält da hinein einen Fön,

oder zur Not auch das blasende Ende eines Staubsaugers. Die Federn wirbeln richtig herum, und diese Pflege ist besser als lüften oder ausklopfen im Freien.

Filzhüte, Wasserflecken in

Filzhüte, die durch einen Regenschauer Wasserflecke bekommen haben, rauht man mit feinem Sandpapier auf. Die Wasserflecke werden unsichtbar, und der Hut wirkt wie neu.

Fingerkuppen, beanspruchte

Durch langes Nähen werden die Fingerkuppen stark beansprucht und wund. Will man die Arbeit jedoch beenden und nicht warten, bis nach Tagen die Fingerkuppen abgeklungen sind, so schützt man sie mit Nagellack oder Alleskleber. Die Fingerkuppen werden dadurch unempfindlich; entfernen kann man diesen Schutz mit Azeton oder Nagellackentferner.

Fussel entfernen

Tierhaare und fusselnde Angorawolle läßt sich mit einem Schaumgummischwamm von Kleidern oder Polstermöbeln entfernen. Auch mit einer Nylonbürste lassen sich die Haare gut entfernen; durch das Reiben wird die Bürste statisch aufgeladen und zieht die Haare an.

Futterstoffe ausbessern

Meistens hat man zum Ausbessern des Futters keinen passenden Stoffrest zur Hand. Sofern die Ärmel mit dem gleichen Futter ausgeschlagen sind, kann man die-

ses heraustrennen und zum Flicken verwenden. Für die Ärmel verwendet man dann einen ähnlichen Stoff.

Gardinen, feuerfeste
Gardinen kann man mit einer schwachen Lösung von Ammoniakphosphat gegen Feuer imprägnieren. Ohne Schaden für die Gardinen legt man sie in die Lösung und läßt sie nur leicht ausgedrückt im Freien trocknen.

Gardinen in Falten legen
Mit Wäscheklammern lassen sich frisch gewaschene Gardinen wieder in Falten legen. Sie brauchen die Gardinen nur im feuchten Zustand aufzuhängen und am unteren Rand die gewünschten Falten mit 2 Wäscheklammern (vorne und hinten) festzustecken. Nach dem Trocknen werden die Klammern entfernt, und die gelegten Falten halten bis zur nächsten Wäsche.

Gardinen pflegen
Damit Gardinen nicht so häufig gewaschen werden müssen, saugt man sie von Zeit zu Zeit mit einem Staubsauger ab. Wenn man will, kann man vor die Saugöffnung zum Schutze der Gardinen ein Stück grobmaschigen Gittertüll (Gardinenrest) spannen.

Gewebe, verfärbte
Haben Sie nicht-farbechte Stoffe zusammen gewaschen? Wenn Sie einen käuflichen Entfärber nicht zur Hand haben, können Sie sich mit einem alten Hausmittel helfen: Man weicht die Wäsche in frische Milch ein,

läßt sie solange darin liegen, bis die Milch sauer und dick geworden ist und spült anschließend mit klarem Wasser nach.

Glacéhandschuhe pflegen
Glacéhandschuhe werden nach dem Reinigen nicht brüchig, wenn sie mit etwas Glyzerin oder mit farbloser Schuhcreme hauchdünn eingerieben werden.

Gummibänder auswechseln
Ein erlahmtes Gummiband ist schnell gegen ein neues elastisches ausgewechselt, wenn an das Ende des alten Bandes das neue mit einer kleinen Sicherheitsnadel angesteckt wird und man beim Herausziehen so das neue Band gleich mit einzieht.

Gummisachen pflegen
Gummisachen bleiben weich und geschmeidig, wenn man sie ab und zu mit Glyzerin einreibt. Mit Öl sollte man sie nicht pflegen, da es mit der Zeit das Gummi zersetzt.

Handtücher gleichmäßig abnutzen
Handtücher werden von beiden Hälften gleichmäßig abgenutzt, wenn man oben und unten Aufhänger annäht.

Hemden, seidig glänzende
Soll das Herrenhemd oder die Hemdbluse seidig glänzen, setzen Sie dem Einsprengwasser etwas Borax zu.

Hemdsärmel kürzen
Zu lange Ärmel kürzt man durch Einnähen der Naht
am Ärmelansatz, und zwar in der Armkugel.

Hosen, keine ausgebeulten Knie mehr an
Herrenhosen beulen an den Knien nicht mehr aus,
wenn man an der Kniebeuge ein Stück Seide von Naht
zu Naht befestigt, das etwas kürzer ist, als die Stoff-
weite des Hosenbeines.

Hosentaschen, strapazierfähigere
Nicht nur in Kinderkleidung reißen die Hosentaschen
oft aus und müssen ständig neu geflickt werden. Verwenden Sie doch abgelegte Fensterleder als Taschen-
ersatz in Hosen und Anzügen. (Vor dem Waschen
können sie leicht abgetrennt werden.)

Jeanshosen einkaufen
Blue jeans und Black jeans sollten stets zu groß eingekauft werden, da sie nach dem Waschen erfahrungs-
gemäß einlaufen. Wenn Sie wollen, können Sie jedoch
das Einlaufen nach dem Waschen verhindern. Hängen
Sie die nassen Jeans an den Hosenbeinen (nach oben)
auf eine Leine. Klemmen Sie einen Bügel an den Ho-
senbund (der ja jetzt nach unten hängt), und hängen
Sie an den Bügelhaken einen Eimer mit Wasser. Die
Hose läuft nicht ein; und je nachdem wie schwer der
Wassereimer ist, dehnt sie sich sogar.

Klappbügeln

Herrenhosen ohne Aufschlag rutschen leicht aus den Klappbügeln, da sie nicht genug Halt haben. Das Problem läßt sich leicht lösen. Versehen Sie eine Seite des Bügels mit einem selbstklebenden Schaumgummistreifen.

Kleiderbügel, glatte

Rutschen bei Ihnen Hemden und Blusen leicht wieder von den Kleiderbügeln? Helfen Sie sich: Wickeln Sie Gummibänder oder Schaumgummi um den Bügel.

Kleider, farbige waschen

Ein kleiner Hinweis: Bevor man neue farbige Kleider zum ersten Male wäscht, sollte man sie vor dem eigentlichen Waschgang in kaltes Wasser legen. Die Farben bleiben dann besser erhalten.

Kleider im Freien auslüften

Sicherlich haben Sie sich auch schon einmal darüber geärgert, daß Kleider beim Trocknen oder beim Lüften schon bei leichtem Wind von der Leine fallen. Hängen Sie die Kleider doch beim nächstenmal auf zwei Bügel, deren Haken entgegengesetzt stehen, und klammern Sie sie mit einer Wäscheklammer an der Leine fest.

Kleider selbst nähen

Damit man beim Zuschneiden die linke bzw. die rechte Stoffseite nicht verwechselt, empfiehlt es sich, eine

Seite mit Schneiderkreide zu kennzeichnen. Die Kreide läßt sich nach dem Zuschneiden leicht entfernen.

Kleiderschrank parfümieren
Wenn Sie keine leeren Parfümflaschen zur Hand haben, träufeln Sie einige Tropfen auf Löschblattstreifen, und verteilen Sie diese im Kleiderschrank.

Kleidung, zerknitterte
Kommt man nach einer längeren Autofahrt mit völlig zerknitterter Kleidung am Zielort an, so ist dies nicht weiter schlimm. Feuchten Sie die Falten mit einem nassen Schwamm an, und lassen Sie die Kleidung (am besten auf dem Balkon) über Nacht aushängen. Die Falten sind am nächsten Morgen verschwunden.

Kleidungsstück ausbessern
Flicke aus neuen Stoffen sollten vor dem Aufnähen immer erst gewaschen werden, damit sie später nicht mehr einlaufen. Zu kräftige Farben lassen sich unter ständigem Feuchthalten in der Sonne bleichen.

Kleidungsstücke, verstaubte
Verstaubte Kleidungsstücke lassen sich mit einem feuchten Schwamm besser reinigen als mit einer Bürste. Auch Hunde- und Katzenhaare, lassen sich auf diese Weise leicht entfernen.

Knöpfe annähen
Wenn Knöpfe stark beansprucht werden oder oft ab-

reißen, nähen Sie sie mit einem Gummifaden an. Der Knopf kann dann leichter nachgeben und reißt nicht so schnell aus. – Knopflöcher verziehen sich nicht an Stricksachen, wenn man an der Innenseite gegen die Knopflöcher ein passendes Stück Stoff näht. – Will man das Futter bei einem abgerissenen Knopf nicht auftrennen, sieht es trotzdem sauber aus, wenn man einen Unterknopf mit annäht. – Knöpfe halten übrigens fester, wenn man vor dem Annähen den Faden mit Bienenwachs einreibt.

Knöpfe leichter finden

Meistens herrscht in einem Nähkasten Unordnung, und vieles liegt durcheinander. Sucht man mehrere Knöpfe einer Sorte, lassen sie sich nur schlecht finden. Reihen Sie doch einfach alle Knöpfe, die sich mit der Zeit ansammeln auf einen Faden auf, und verschließen Sie diesen wie eine Kette. So lassen sich die passenden Knöpfe schnell finden und einfach herausnehmen.

Knopflöcher

Knopflöcher an Strick- und Wollsachen sollte man vor dem Waschen mit groben Stichen zunähen, damit sie sich beim Waschen nicht verziehen.

Knopflöcher, ausfransende

Knopflöcher, die ausfransen, müssen nachgenäht werden. Will man sich jedoch nicht so viel Mühe machen, bestreicht man sie dünn von der Rückseite mit etwas Nagellack.

Kopftücher, imprägnierte

Verdünnte essigsaure Tonerde eignet sich ausgezeichnet zum Imprägnieren. Wenn Sie Ihr Kopftuch damit imprägnieren, haben Sie einen guten Regenschutz.

Kragen bügeln

Da sich der Stoff an Ärmelaufschlägen und Kragen leicht durchscheuert, sollte man keine scharfen Brüche einbügeln. Man bügelt diese Teile glatt und schlägt sie dann mit der Hand um.

Kragen und Ärmel reinigen

An Kleidern und Hemden werden die Kragen und Ärmel immer zuerst schmutzig, und ein Waschen des ganzen Kleidungsstückes wäre sonst nicht nötig. Probieren Sie es einmal. Man kann die dreckigen Stellen mit einem Schwamm und heißem Natronwasser reinigen, anschließend reibt man mit einem Tuch nach.

Kragenecken, Schmutz- und Faserreste in

Wenn sich nach dem Waschen von synthetischen Oberhemden oder Blusen in den Kragenecken leicht Schmutz- oder Faserreste sammeln, schließen Sie den obersten Knopf, und stellen Sie den Kragen hoch. Sie werden verblüffenden Erfolg haben.

Kreppstoff, eingelaufener

Sollte Ihnen beim Waschen der Kreppstoff eingelaufen sein, so bekommt er wieder seine ursprünglichen Maße, wenn Sie ihn auf die passende Größe ausein-

anderziehen, mit Stecknadeln (vielleicht auf dem Bügelbrett) feststecken und von links dämpfen. Manchmal muß der Vorgang wiederholt werden.

Kunstfaserstoffe zuschneiden

Bei Kunstfaserstoffen, wie Nyltest, Perlon, Borkenkrepp usw., kann man das Ausradelrädchen nicht benutzen. Helfen kann man sich, indem man die Schnittmuster mit einem weichen Bleistift von links nachzeichnet. Das Schnittmuster wird auf den Stoff gelegt und nochmals von rechts nachgezeichnet. Danach ist der Schnitt durch Bleistiftstriche markiert, die beim Waschen wieder herausgehen.

Kunstseide waschen

Kunstseide glänzt wieder schön, wenn man nach dem Waschen dem letzten Spülwasser etwas Essig untermischt.

Lackschuhe, faltige

Reibt man neue Lackschuhe in den ersten Tagen mit reinem Rizinusöl ein, bekommen sie keine Gehfalten.

Lackschuhe, Salatöl für

Lackschuhe brechen nicht so leicht, wenn man die Schuhe öfters mit Salatöl einreibt. Selbst schon vorhandene Risse werden dadurch wieder zusammengezogen. Wenn das Öl eingetrocknet ist, brauchen die Lackschuhe nur noch blankgerieben werden.

Lederhandschuhe pflegen

Ein paar kleine Tips: Harte Lederhandschuhe werden durch Rizinusöl wieder weich. Man zieht die Handschuhe an und verfährt so, als creme man sich die Finger ein. Farbige Lederhandschuhe werden auf die gleiche Weise mit Terpentinölspiritus gereinigt. Zu enge Lederhandschuhe weiten sich, wenn man sie einige Stunden feucht hält und an den Händen trocknen läßt. Empfindliche Lederhandschuhe reibt man mit der Innenseite einer Bananenschale ab; sie werden dann wieder schön glänzend. Bekannt war Ihnen sicherlich, daß Lederhandschuhe nicht in praller Wärme (z. B. dicht am Ofen) trocknen dürfen; sie werden sonst brüchig und hart.

Leinenstoffe prüfen

Will man Leinengewebe auf Echtheit prüfen, wäscht man den Stoff in Seifenwasser und trocknet ihn an der Luft. Bleibt der Stoff nicht glatt, so ist Baumwolle mit untergewebt. Bei einem Test gibt man einen Tropfen Öl auf eine Stoffprobe; bei reinem Leinen muß sich ein kreisrunder Fleck bilden, bei einem Gemisch verläuft der Tropfen in alle Richtungen.

Mantelaufhänger, reißfeste

Mantelaufhänger haben häufig ein ganz schönes Gewicht zu tragen und sind von Fabrik aus nicht immer stabil genug. Für reißfeste Mantelaufhänger können Sie Lederstreifen verwenden; oder noch besser halten geflochtene Aufhänger aus Perlon-Schuhbändern.

Mantelfutter reinigen

Mantelfutter läßt sich auch ohne daß es herausgetrennt werden muß, gut mit lauwarmem Spiritus reinigen.

Mantelfutter, verzogenes

Durch Sitzen im Auto verzieht sich das Mantelfutter manchmal. Trennen Sie den Saum auf, fassen Sie ihn neu ein, und lassen Sie ihn lose im Mantel. Das Futter hat dann genügend Spielraum und verzieht sich nicht mehr.

Maschinennähte reißen nicht

Stoffe, die mit der Nähmaschine zusammengenäht werden, halten besser zusammen, wenn man die Enden der Naht durch wiederholtes Übernähen verstärkt.

Möbel, gobelinbezogene

Wußten Sie schon, daß sich Kartoffelwasser sehr gut zum Reinigen von gobelinbezogenen Möbeln eignet? Mit einem Wattebausch und heißem Kartoffelwasser reibt man die Bezüge vorsichtig ab. Ist der Stoff völlig trocken, wird er mit einer weichen Bürste abgebürstet.

Nadeln aufheben

Wie häufig verschüttet man beim Nähen Nadeln, Haken und Ösen. Halten Sie in Ihrer Nähmaschine einen kleinen Magnet parat; Sie haben dann beim Aufheben keine Schwierigkeiten und pieken sich auch nicht.

Nähseide einkaufen

Nähseide wirkt nach dem Verarbeiten immer etwas heller; deshalb empfiehlt es sich, die Nähseide stets einen Ton dunkler als den Stoff zu wählen.

Nähzeug in der Handtasche

In einer leeren Lippenstifthülle läßt es sich vortrefflich in der Handtasche aufbewahren. (Man reinigt sie mit Benzin oder Äther.) Gefüllt wird die Lippenstifthülle mit Nähnadeln, Sicherheitsnadeln und (auf einem Zündholz aufgewickeltem) Garn.

Netzhemden, alte, verwenden

Unterhemden aus Netzgewebe, die nicht mehr getragen werden, lassen sich gut zu kleinen luft- und wasserdurchlässigen Säckchen nähen. Man kann darin entweder Dörrobst, Zwiebeln und dergleichen aufbewahren, oder man verwendet solche Beutel zum Waschen von empfindlichen Spitzen, bestickten Taschentüchern oder wertvollen Stoffen.

Ohrklipps, übersichtlich geordnete

Damit Sie Ihre Ohrklipps übersichtlich geordnet und schnell zur Hand haben, reihen Sie sie alle auf einen alten Gürtel. Die Schnalle ist ein guter Aufhänger.

Perlmuttknöpfe

Perlmuttknöpfe und auch ähnliche Knöpfe aus Kunststoff sehen immer wie neu aus, wenn man sie von Zeit zu Zeit mit farblosem Nagellack überpinselt.

Reißverschlüsse, aufgehende

Haben Sie Ärger mit Reißverschlüssen, die z. B. beim Bücken immer wieder aufgehen? Nähen Sie den Reißverschluß umgekehrt, also mit dem Verschluß nach unten ein. Der Reißverschluß kann dann nicht mehr von selber aufspringen.

Reißverschlüsse, gebrauchte, neu verwenden

Gebrauchte Reißverschlüsse werden an den Rändern wellig und lassen sich dann sehr schlecht in andere Kleidungsstücke einnähen. Tauchen Sie solch einen Reißverschluß vor dem Einnähen in Stärkelösung, und bügeln Sie ihn glatt.

Reißverschlüsse, klemmende

Reißverschlüsse, die nicht beschädigt sind, aber dennoch klemmen, werden mit etwas Maschinenöl, Kerzenwachs oder Seife eingerieben.

Reißverschlüsse, lange, schließen

Lange Reißverschlüsse im Rückenteil der Kleider lassen sich häufig nur schwer schließen. Ist niemand da, der behilflich sein könnte, kann man sich auch selber helfen. Befestigen Sie an einer Sicherheitsnadel ein Stück Bindfaden und dieses dann an das Zugteil des Reißverschlusses. Es ist dann sehr leicht, den Reißverschluß am Band hochzuziehen.

Rollkragen weiten sich nicht aus

Rollkragen weiten sich nicht aus und werden nicht

schlappig, wenn man ein entsprechend langes Gummiband mit Knopf und Schlaufe unter dem Rollkragen
trägt.

Samt, bügeln von
Samt, Velours, Chiffon und ähnliche Stoffe lassen sich
nur recht schwer bügeln. Die Stoffe sollten schwebend
gebügelt werden, damit sie nicht platt gebügelt werden. Wenn jemand dabei hilft und den Stoff straff ge-
spannt hält, kann man von links die Gewebe leicht
bügeln.

Samt, Druckstellen in
Die Druckstellen werden mit Spiritus angefeuchtet
und mit der linken Seite über Wasserdampf gehalten.
Nach dem Trocknen wird der Samt ausgebürstet.

Samt, Staub auf
Wissen Sie, wie man Staub auf Samt entfernt? Wenn
reiben, streichen und bürsten nichts hilft, tauchen Sie
die Bürste vorher in Salz; der Staub läßt sich dann
mühelos entfernen. Anhaftende Fussel werden mit
Gaze leicht entfernt.

Schnittmuster übersichtlich geordnet
Übersichtlich und ordentlich können Schnittmuster
aufbewahrt werden, wenn sie in ein ausgedientes Plat-
tenalbum einsortiert werden. Klebt man auf die Vor-
derseite noch das dazugehörende Bild, erspart man
sich das Suchen.

Schnittmuster vergrößern

Viele Frauen haben Schwierigkeiten, ein Schnittmuster auf die passende Größe umzurechnen. Schneiden Sie das Schnittmuster einmal längs und einmal
quer durch, und legen Sie es entsprechend Ihrer Größe
auf dem Tisch auseinander. Mit einem Klebestreifen
lassen sich die Lücken schließen, und Sie haben dann
ein passendes Schnittmuster Ihrer Größe.

Schuhe, drückende

Wenn der Schuh drückt, gießt man ein kleines Glas
reinen Alkohol hinein, verteilt ihn gleichmäßig und
zieht den Schuh sofort an; er paßt sich dann der Fuß-
form an.

Schuhe, rutschende Riemchen

Riemchen an Schuhen mit offener Ferse rutschen nicht
mehr herunter, wenn man das Riemchen innen mit
einem schmalen (selbstklebenden) Schaumgummistreifen beklebt.

Schuhe, rutschfeste

Will man auf Glatteis nicht ausrutschen, klebt man
unter die Sohlen Filzstreifen oder bindet sie einfach
um die Schuhe.

Schuhen, weiße Ränder an

Durch Schnee und Regen bilden sich an den Schuhen
oft unschöne weiße Ränder, die sich nur schwer entfernen lassen. Waschen Sie einfach die häßlichen Rän-

der mit heißem Wasser ab, und cremen Sie anschließend das Leder reichlich ein. Die Schuhpaste wirkt dann über Nacht ein, und Sie werden glänzenden Erfolg haben.

Schultertasche, rutschende

Wenn es Sie stört, daß Ihre neue Schultertasche dauernd herunterrutscht, kleben Sie unter den Tragriemen selbstklebendes Schaumgummiband; Ihre Kleidung wird auch dadurch geschont.

Schweinsleder pflegen

Mit Lederseife oder auch mit 10% Kleesalzlösung läßt sich Schweinsleder reinigen. Falsch ist es, Benzin oder ähnliche Reinigungsmittel zu verwenden; hierdurch entstehen schwarze Flecken.

Seide von Kunstseide unterscheiden

Wenn Sie das Gewebe anfeuchten und es sich dann im nassen Zustand zerreißen läßt, handelt es sich um Kunstseide. Oder verbrennen Sie einen Faden; ein echter Seidenfaden brennt nur langsam, glimmt nicht nach und hinterläßt hellgraue Asche, die beim Zerreiben nicht zerstäubt.

Seidenstoffe verarbeiten

Dünne Seidenstoffe lassen sich leichter verarbeiten und sie verrutschen beim Nähen nicht, wenn man Seidenpapier mitsteppt. Das Papier kann man nachher leicht wieder entfernen.

Sohlen, leise

Knarrende Schuhsohlen bestreicht man mit ein wenig
Leinöl. Ledersohlen, die Wasser ziehen, werden mit
Terpentin bestrichen; rutschige Sohlen rauht man mit
Schmirgelpapier auf und bestreicht sie mit Gummi-
lösung.

Spitzen, feine

Abgetrennte Spitzen werden nach dem Waschen auch
ohne bügeln wieder glatt, wenn man sie straff um eine
Flasche wickelt und trocknen läßt.

Sportstrümpfe

Weiße Sportstrümpfe, die sich mit der Zeit durch die
Schuhe verfärbt haben, werden wieder schneeweiß,
wenn man sie vor dem Waschen einige Zeit in Boraxwasser legt.

Stickereien, farbige auffrischen

Bunte Stickereien auf Tischdecken und Taschentüchern lassen sich wieder auffrischen. Man legt ein
in Essigwasser ausgewrungenes Tuch dazwischen und
bügelt die Stickereien von links.

Stoffe appretieren

Gibt man in das letzte Spülwasser etwas Borax, so
bleibt die Appretur in der Wäsche erhalten.

Stoffe, blankgetragene

Blankgetragene Wollstoffe lassen sich durch Abbür-

sten mit Salmiakgeist wieder auffrischen. Auf eine kleine Schüssel Wasser verwendet man einen Teelöffel Salmiak.

Stoffe, synthetische zuschneiden
Synthetische Stoffe sind sehr empfindlich und fransen beim Zuschneiden leicht aus. Man muß üblicherweise die Kanten rändeln. Schneidet man die Stoffe allerdings mit einer heißen Schere zu, so daß die Enden der Fäden schmelzen, braucht man die Ränder nicht nachzunähen. Die Griffe der Schere lassen sich leicht mit Bast gegen Hitze isolieren.

Stopfen mit der Nähmaschine
Auch mit Ihrer Nähmaschine kann man stopfen. Stellen Sie die Stichlänge auf 0, und heben Sie den Führungsschuh an der Nadel soweit mit Gummi (Einmachringe oder Paketgummi) an, daß er den Stoff nicht mehr berührt.

Stricken, Vereinfachung beim
Haben Sie beim Stricken immer Schwierigkeiten mit dem davonrollenden Wollknäuel? Legen Sie es einfach in eine Plastiktüte, und befestigen Sie die Tüte mit einer Tischtuchklammer am Tischrand.

Stricknadelköpfe, zu kleine
Mit einem zurechtgeschnittenen, runden Kartonplättchen verstärkt man Stricknadelköpfe, die zu klein sind. Die Maschen rutschen dann nicht mehr über die

Köpfe, und sie müssen nicht mühevoll wieder aufgenommen werden.

Stricksachen, Ärmel verlängern

Wenn Sie Stricksachen für Ihre Kinder arbeiten, empfiehlt es sich, die Ärmel von der Kugel aus anzufangen. Sind die Ärmel später einmal zu kurz geworden, kann man sie leicht und unauffällig an der Kugel anstricken.

Stricksachen, Bündchen an

Die Bunde an Ärmeln, Hals- und Jackenabschluß recken sich nicht mehr so leicht aus, wenn man sie mit einer dünneren Nadel strickt, als die anderen Strickteile.

Stricksachen, dünngescheuerte

Wenn die Ellbogen an gestrickten Kindersachen dünn werden, können Sie folgenden Kniff anwenden: trennen Sie die Ärmel heraus, setzen Sie den rechten Ärmel links und den linken Ärmel rechts ein. Die dünnen Stellen kommen so in die Ellenbogenbeuge.

Stricksachen durchscheuern

Jacken, Pullover und andere Stricksachen scheuern an den empfindlichsten Stellen (Kragen, Ärmelränder, Ellenbogen usw.) nicht mehr so schnell durch, wenn Sie beim Stricken dieser Stellen ein farbig passendes Nylonstopfgarn mitstricken oder einfach den Faden oder die Wolle doppelt nehmen.

Stricksachen, Noppen an

An Stricksachen bilden sich häufig schon nach kurzer Zeit unschöne Noppen, die man allerdings nicht herausziehen sollte. Schneidet man die Noppen ab, hört nach einigem Waschen der Noppenärger auf.

Stricksachen zusammennähen

Damit Sie bei späteren Änderungen die Teile leichter auseinandertrennen können, empfiehlt es sich, die Strickteile nicht mit Wolle, sondern mit passendem Nähgarn zusammenzunähen.

Strümpfe reißfest machen

Strümpfe zerreißen nicht so schnell, wenn man die beanspruchten Stellen (Zehen und Fersen) mit Paraffin einreibt.

Taft stärken

Lappiger und unbrauchbarer Taftstoff wird wieder steif, wenn man ihn durch eine lauwarme Zuckerlösung zieht.

Taschentücher

Taschentücher, die nicht mehr weiß werden, legt man vor dem Waschen einen Tag lang in Salzwasser; sie werden dann wieder wie neu.

Topflappen, feuerfeste

Topflappen brennen nicht an, wenn man sie nach dem Auswaschen kurze Zeit lang in Alaun legt.

Wäsche bleichen
Selbst Feinwäsche kann man gut mit folgender Mischung bleichen: man löst etwas Borax (1 zu 10) im letzten Waschwasser auf und verwendet dieses als letztes Spülwasser.

Wäsche zum Bügeln einsprengen
Manchmal kommt man aus irgendwelchen Gründen nicht gleich dazu, eingesprengte Wäsche sofort zu bügeln. Kein Problem; man legt die Wäsche in eine Plastiktüte. Am nächsten Tag ist sie nicht ausgetrocknet, sondern bis in die Ecken gleichmäßig durchgefeuchtet.

Wäsche mit dem Fön trocknen
Will man ein Hemd oder eine Bluse unbedingt zu einer Feier anziehen, lassen sich Manschetten und Kragen schnell mit einem Fön trocknen. Bei Taschentüchern, Strümpfen usw. geht es ebenfalls recht schnell.

Wäsche, schmutzige aufbewahren
Es empfiehlt sich, schmutzige Wäsche nicht bis zum nächsten Waschtag in einem verschlossenen Behälter aufzubewahren, damit sich keine Stockflecken bilden können. Achten Sie auch immer darauf, das die Kleider völlig trocken sind, wenn Sie sie in einem Wäschebehälter aufbewahren.

Wäsche trocknen
Hängen Sie Kleider auf einem Kleiderbügel zum Trocknen auf die Leine? Kleiderbügel rutschen nicht

mehr zusammen, wenn man sie mit zwei Wäscheklammern festklemmt.

Wäsche, vergilbte
Wenn Sie einen Teelöffel Terpentin und zwei Eßlöffel reinen Spiritus (Mischung reicht für 10 Liter)
ins letzte Spülwasser geben, wird vergilbte Wäsche
wieder weiß.

Wäschekochen
Auch sehr schmutzige Wäsche darf man nicht zu lange
kochen lassen, weil sich sonst der Schmutz eher festsetzt, als daß er herausgewaschen wird.

Wäschepflege, Terpentin zur
Durch Einweichen in reines Terpentin wird stark verschmutzte Wäsche wieder sauber.

Wäschestücke trocknen
Farbige Wäschestücke sollten im Sommer nicht in die
pralle Sonne gehängt werden, damit sie nicht aus-
bleichen. Sollte es einmal unvermeidlich sein, dann
hängen Sie sie am besten mit der linken Seite nach
außen auf.

Wäschetrocknen bei Frost
Wußten Sie, daß Wäsche auch im Winter nicht ge-
friert, wenn man in das letzte Spülwasser etwas Salz
gibt? Stärke verliert allerdings bei Frost die Wirkung,
wird fleckig und klebrig, da sich die Stärke bei Frost
in Zucker umwandelt.

Wildleder waschen
Wildledergürtel und andere Kleinteile werden beim Waschen nicht hart, wenn Sie dem Spülwasser etwas Terpentin hinzugeben.

Wolldecken trocknen
Gewaschene Wolldecken verziehen sich beim Trocknen nicht, und das Wasser läuft gut an den Zipfeln ab, wenn man sie im Dreieck über die Leine hängt.

Wolle von Baumwolle unterscheiden
Gute Wolle darf nicht knittern. Wolle läßt sich von Baumwolle recht leicht durch Verbrennen eines Fadens unterscheiden. Im Gegensatz zur Wolle verbrennt Baumwolle geruchlos und ohne Rückstände, während Wolle nach verbranntem Haar riecht und mit heller Flamme schmilzt.

Wolle, rauhe
Wußten Sie, daß Wolle rauh wird, wenn das Spülwasser kälter ist als das Waschwasser?

Wollsachen laufen nicht ein
Um zu verhindern, daß Wollsachen einlaufen, füge man dem Waschwasser etwas Glyzerin bei.

Wollsachen, Schweißgeruch in
Der unangenehme Schweißgeruch in Wollsachen verschwindet, wenn man die verschwitzten Kleidungsstücke zwischen zwei – mit einer Lösung aus Wasser

und Salmiakgeist getränkte – Tücher legt und mit einem Bügeleisen leicht darüber dämpft.

Wollstoffe, fleckige und glänzende

Über Nacht läßt man fleckige und glänzende Wollstoffe in einer Salzlösung (1 Pfd. Salz zu 10 Liter Wasser) einweichen und hängt sie naß zum Trocknen auf.

Wollstoffe, glänzende

Glänzend gewordene Wollstoffe legt man über Nacht in Salzwasser und wäscht sie am nächsten Tag darin aus. Nach dem Spülen werden sie ohne zu wringen aufgehängt.

Wollstoffe laufen nicht ein

Wußten Sie, daß Wollstoffe nicht einlaufen, wenn man sie vor dem Zuschneiden in lauwarmes Wasser legt und trocknen läßt? Man bügelt sie unter einem feuchten Tuch von links.

Zuschneiden von Stoffen

Ein kleiner Hinweis: Tuche schneidet man immer mit dem Strich zu; Samtstoffe immer gegen den Strich.

FLECKENENTFERNUNG

Allgemeines zur Fleckenentfernung:
Alle hier angegebenen Hausmittel zur Fleckenentfernung sind, wenn nicht ausdrücklich dazu geschrie-
ben, für normale Stoffe anwendbar. Es empfiehlt sich
jedoch, auf einer unsichtbaren Stelle zuerst immer
einen Versuch zu machen. Beginnen Sie stets mit dem
mildesten Mittel, und probieren Sie erst nach erfolg-
losem Versuch ein schärferes Fleckenentfernungsmit-
tel; oft hilft ja auch schon lauwarmes Seifenwasser.
Flecke sollten nach Möglichkeit sofort entfernt werden, damit sich der Schmutz nicht ins Gewebe einfrißt;
alte Flecken lassen sich bekanntlich sehr viel schwerer
entfernen.

Alkoholflecke
Frische Alkoholflecke können mit kaltem Wasser gereinigt werden.

Alleskleber-Flecke
Alleskleber wird mit Aceton mehrmals behandelt und
danach gekocht.

Ananasflecke in Seide

Mit klarem Wasser werden Ananasflecke befeuchtet und anschließend mit Gallseife ausgewaschen.

Apfelsinenflecke

Apfelsinensaftflecke weicht man mit etwas Glyzerin auf und spült mit lauwarmem Wasser nach.

Arzneiflecke

Arzneiflecke lassen sich mit kaltem Wasser auswaschen.

Beerenflecke

Wußten Sie, daß man Blaubeeren- und Heidelbeerenflecke mit saurer Milch entfernen kann? Mit warmem Wasser werden die Stoffe nachbehandelt.

Benzinränder

Mit Terpentinöl lassen sich Benzinränder ausreiben.

Bierflecke

Bei Wasch- und Wollstoffen empfiehlt sich lauwarmes Wasser, bei Seide verdünnter Spiritus.

Blaubeerflecke an Händen

Blaubeerflecke an den Händen werden mit Zitronensaft entfernt, Nikotinflecken mit Hilfe von Zitronensaft und Bimsstein.

Bleiflecke
Mit einem Läppchen und etwas destilliertem Wasser kann man Bleiflecke ausreiben.

Blumenflecke
Aus Leinen werden Blumenflecke mit reinem Benzin entfernt; aus Wollstoffen löst man die Flecken in heißem Seifenwasser mit etwas Chlorlösung.

Blutflecke
Frische Blutflecke lassen sich noch mit Wasser herauswaschen; bei älteren Flecken hilft vorbehandeln mit Salz- oder Sodawasser und waschen in lauwarmem Seifenwasser.

Bohnenwasser als Fleckenwasser verwenden
Ungesalzenes Kochwasser von weißen Bohnen ist ein ausgezeichneter Fleckenentferner, der selbst hartnäckige Kleckse von z. B. Rotwein oder Tinte entfernt.

Bohnerwachsflecke
Sie lassen sich zwischen zwei Löschblättern ausbügeln. Mit Benzin, oder verdünntem Seifenspiritus werden sie nachbehandelt.

Bowlenflecke
Bowlenflecke entfernt man mit warmer Seifenlauge. Für nicht waschbare Stoffe kann man verdünnten Salmiakgeist verwenden.

Brandflecke

Durch Zigaretten oder Zigarren verursachte Brand-
löcher können bei wertvollen Kleidungsstücken durch
Kunststopfen ausgebessert werden. Sind die Stoffe
nur leicht versengt, betupft man die Stellen mit Boraxwasser und bügelt nach dem Eintrocknen den Brand-
fleck trocken aus; oder man befeuchtet den Fleck mit
Wasser und bleicht mit etwas Salz.

Bronzeflecke

Mit Terpentinöl behandelt man Bronzeflecke und
reibt sie dann leicht aus.

Butterflecke

Man kocht sie bei waschbaren Stoffen mit Seifenlauge
aus; bei anderen Stoffen kann man Salmiakgeist oder
ein käufliches Fleckenmittel verwenden.

Druckerschwärze

Flecken, die durch Druckerschwärze entstanden sind,
sollte man mit einer handelsüblichen Fleckenpaste
entfernen. Man kann auch Benzin oder Terpentin verwenden.

Eigelbflecke

Man läßt sie völlig eintrocknen. Nachdem man die
Flecken mit dem Finger verrieben oder abgekratzt
hat, werden sie mit Benzin behandelt.

Eiweißflecke

Im allgemeinen lassen sich Eiweißflecke mit kaltem Wasser auswaschen. Sollten sich ältere Flecke nicht so leicht entfernen lassen, probieren Sie es mit etwas Salmiakgeistlösung, und waschen Sie mit kaltem Wasser nach.

Erdbeerflecke

Frische Flecke lassen sich manchmal mit Boraxlösung entfernen. Sonst gebraucht man Eau de Javelle oder verdünntes Chlorwasser.

Fettflecke

Kartoffelmehl ist bei Fettflecken ein ausgezeichnetes Mittel. Man bestreut die Flecke reichlich damit, läßt es einige Zeit einwirken und bürstet das Kartoffelmehl mit dem Fettfleck einfach heraus. Man kann auch Salmiakgeist verwenden.

Firnisflecke

Im allgemeinen lassen sich Firnisflecke mit Fleckenmittel beseitigen. Seide reinigt man mit leichter Seifenlauge und spült mit kaltem Wasser nach. Nur bei Leinwand und Weißzeug nimmt man Terpentinöl und behandelt die Flecke mit Seifenwasser nach.

Fleckenwasser selbst herstellen

Zum Reinigen von Wollstoffen (Anzüge, Mäntel, Jacken usw.) löst man etwas Borax in kochendem Wasser auf und behandelt die Kleidungsstücke damit. – Mit

lauwarmem Seifenwasser, vermischt mit etwas Salmiak, kann man viele Flecken unbekannter Herkunft entfernen. – Ein wirksames Fleckenwasser kann man aus Salmiakspiritus, hochprozentigem Weingeist und etwas Salz selber herstellen. Für empfindliche Stoffe mischt man eine Lösung aus gleichen Teilen Terpentin, Äther und Spiritus.

Fleischbrüheflecke

Fleischbrühe kann man häufig schon mit verdünntem Salmiakgeist ausreiben. Bei hartnäckigen Flecken verwendet man Benzin und reibt mit reinem Alkohol nach.

Fruchtsaftflecke

Hier nimmt man erwärmten Alkohol, dem ein wenig Salmiakgeist hinzugegeben wurde. Wenn die Flecke älteren Datums sind, bestreut man sie mit Salz, wäscht sie dann aus und legt sie zum Bleichen naß in die Sonne.

Grasflecke

Zur Reinigung von Grasflecken genügt meistens schon übliches Fleckenwasser. Mit einer Mischung aus 50 g Wasser, 50 g Salmiakgeist und 5 g Wasserstoffsuperoxyd lassen sich auch große Flecke entfernen. Wenn die Lösung eingezogen ist, wird der Stoff in kaltem Wasser ausgewaschen.

Grünspanflecke
Sie werden mit 10 % Essigsäurelösung vorbehandelt
und mit warmem Kochsalzbrei ausgerieben.

Harzflecke
Vor dem Kochen eine Behandlung mit Terpentinöl,
mit Benzin oder Terpentin werden die Flecke nachbehandelt.

Holunderbeerflecke
Man behandelt sie mit Wasserstoffsuperoxyd und
spült mit klarem Wasser nach.

Honigflecke
Mit verdünnter lauwarmer Sodalösung lassen sich
Honigflecke in Stoffen aufweichen; anschließend spült
man mit kaltem Wasser nach.

Joghurtflecke
Angetrocknete Joghurtflecke lassen sich leicht ausbür-
sten; Rückstände werden mit lauwarmem Wasser
entfernt.

Johannisbeerflecke
Zitronensaft auf die frischen Flecke träufeln, und dann
mit lauwarmem Wasser nachspülen.

Kaffee-, Milch-, Kakaoflecke
Hier hilft erwärmtes Glyzerin.

Kaffeeflecke, ältere

Auch ältere Kaffeeflecke lassen sich mit einem Hausmittel entfernen: 2 Teile Benzol, 1 Teil Salmiakgeist und 1 Teil reinen Weingeist vermischt man zu einem »Fleckenwasser« und behandelt die Flecke damit.

Kalkflecke

Mit Essigwasser lassen sich Kalkflecke auf Textilien aufweichen. In guter Seifenlauge werden die Sachen nachgewaschen und anschließend in klarem Wasser gespült.

Kaugummiflecke

Sie werden mit Benzol oder evtl. auch mit Benzin entfernt. Die verbleibenden Fettflecke kann man mit Salmiakwasser oder mit Kartoffelmehl behandeln. Noch leichter ist es allerdings, die Kleidung in einen Plastikbeutel zu stecken und ihn dann ins Kühlfach zu legen. Nach einer Stunde ist das Kaugummi unterkühlt und läßt sich mühelos und ohne Spuren ausreiben.

Kirschflecke

Bei Kirschflecken kann man folgendes Hausmittel anwenden: Man mischt 1 Teil Salmiakgeist, 3 Teile reinen Äther mit 3 Teilen Wasser, reibt die betreffende Stelle mit diesem Fleckenwasser ein, läßt 1 Stunde lang das Fleckenwasser einwirken und wäscht mit kaltem Wasser nach.

Kognakflecke
Kognakflecke in Seide oder Wolle werden mit erwärmtem Alkohol ausgerieben.

Kopierstiftflecke
Mit einem erwärmten Gemisch aus Essig und Spiritus zu gleichen Teilen lösen sich Kopierstiftflecke in empfindlichen Geweben auf. Mit Wasser nachspülen.

Kugelschreiberflecke
Kopierstift- und Kugelschreiberflecke auf Textilien werden mit Spiritus gelöst und gekocht.

Kunststopfen als letzte Lösung
Wenn Flecke bei wertvollen Kleidungsstücken absolut nicht weichen, kann man diese Stellen zur Not kunststopfen lassen.

Lackfarbenflecke in Stoffen
Mit reinem Terpentin, also nicht mit Terpentinöl oder Terpentinersatz, reibt man Lackfarben-Flecke aus.

Lebertranflecke
Lebertranflecke erweicht man mit Benzol oder Methylalkohol und wäscht den Stoff dann mit Seifenspiritus.

Likörflecke
Alte Likörflecke lassen sich mit Benzin entfernen. Ränder können mit Wasser ausgewaschen werden,

oder man behandelt sie mit verdünntem Salmiakgeist. Frische, noch nicht eingetrocknete Flecke wäscht man mit lauwarmem Wasser aus; wenn nötig, kann man sie mit Salmiakgeist nachbehandeln.

Lippenstiftflecke
Einreiben mit Glyzerin – nachdem sich der Fleck gelöst hat, wird er einfach ausgewaschen. Lippenstiftflecke in Leder behandelt man mit Benzol oder reinem Weingeist.

Maschinenölflecke
Maschinenölflecke lassen sich mit reinem Salmiakgeist auflösen und mit lauwarmem Wasser ausspülen.

Milchflecke
Alte Flecke reibt man mit Terpentinöl aus und spült mit klarem Wasser nach. Frische Flecke lassen sich meist schon mit lauwarmem Seifenwasser auswaschen; eventuell weicht man sie vorher einige Zeit ein.

Nagellackflecke
In unempfindlichen Stoffen können Nagellackflecke mit Alkohol oder auch mit Nagellackentferner behandelt werden.

Nikotinflecke
Mit Seifenspiritus oder verdünntem Salmiakgeist werden Nikotinflecke aus Textilien entfernt; anschließend wird der Stoff mit lauwarmem Wasser nachgewaschen.

Obstflecke

Auch Flecke von gekochtem Obst lassen sich mit diesem Hausmittel entfernen. Man behandelt die Flecke mit warmer schwacher Salmiaklösung vor und weicht sie dann über Nacht in Buttermilch mit Zitronensaft ein. Danach werden die Flecke mit Wasser ausgewaschen.

Pfirsichflecke

Pfirsichflecke sind hartnäckiger als andere Obstflecke und lassen sich nur schwer entfernen. Probieren Sie es mit Glyzerin, das Sie einige Zeit einwirken lassen, und waschen Sie mit Seifenlauge nach.

Rostflecke

Rostflecke werden mit Zitronensaft entfernt. In hartnäckigen Fällen reinigt man vorsichtig mit schwacher Zinnsalzlösung.

Rotweinflecke

Mit heißem Wasser lassen sich Rotweinflecke meist noch auswaschen; oder man bestreut den Fleck dick mit Kochsalz und wäscht dann nach.

Salmiakgeist zur Fleckenentfernung

Salmiakgeist ist ein bewährtes Hilfsmittel bei der Fleckenentfernung. Oftmals werden die behandelten Stellen aber dadurch etwas heller als der übrige Stoff. Kein Problem: Man befeuchtet die Stellen dann mit schwachem Essigwasser.

Schuhcremeflecke
Diese Flecke lassen sich mit Terpentinöl entfernen.

Schwarzkirschenflecke
Wußten Sie, daß sich Flecke von Schwarzkirschen mit lauwarmem Seifenwasser auswaschen lassen, wenn man vorher zwei Weißkirschen zerquetscht und den Fleck damit einreibt?

Schweißflecke
In leichter Kleidung können Schweißflecke gut mit reinem Essig ausgewaschen werden.

Speiseeisflecke
Sie werden mit warmem Wasser ausgewaschen.

Spinatflecke
Man reibt sie mit einer rohen Kartoffel ab und wäscht in warmem Seifenwasser aus.

Teeflecke
Im allgemeinen lassen sich Teeflecke mit warmem Wasser auswaschen; sollte es nicht ohne weiteres gehen, bestreichen Sie den Fleck mit Glyzerin.

Teerflecke
Teerflecke sind recht hartnäckig; sie lassen sich aber auch entfernen, und zwar behandelt man sie mit Terpentin oder Seifenlauge und reibt die Reste mit reinem Benzin oder reinem Spiritus aus.

Tintenflecke

Tintenflecke entfernt man aus Stoffen, indem man die Flecke in saure Milch, Buttermilch oder Zitronenwasser legt. Nach dem Einweichen werden die Teile in gutem Waschmittel gekocht.

Tischlerleimflecke

Tischlerleim in Textilien sollte man in warmem Essigwasser auswaschen und kurze Zeit darin liegen lassen.

Tomatenflecke

Frische Flecke lassen sich mit warmem Seifenwasser auswaschen; alte Flecke weicht man in Seifenlauge ein und gibt etwas Wasserstoffsuperoxyd hinzu.

Tuscheflecke

Tuscheflecke wäscht man mit kaltem Wasser aus.

Wachsflecke

Wachsflecke werden zwischen zwei gut saugenden Löschpapieren ausgebügelt. Mit einem Messer kratzt man die Hauptmasse vor dem Bügeln ab und entfernt die Rückstände nach dem Bügeln mit Benzin oder Spiritus.

Wildleder, Fettflecke auf

Wenn Sie eine Wildlederjacke nicht wegen eines Fettfleckes reinigen lassen wollen, können Sie den Fleck mit etwas Tetrachlorkohlenstoff ausreiben.

SÄUGLINGE UND KLEINKINDER

Abführmittel bei Kleinkindern

Pfirsichblüten sind als mildes Abführmittel für Kleinkinder bekannt. Man mischt die Blüten unter Speisen
oder Salate, oder man verwendet sie als Sirup.

Ärmel, durchgescheuerte

Wenn sich Stricksachen Ihrer Schulkinder besonders
an den Ärmeln durchscheuern, kann man die dünnen
Stellen mit einem Strickstich verstärken.

Babykost in Gläsern

Wenn sich bei Ihnen von der fertigen Kinderkostnah-
rung Gläschen mit Schraubdeckel ansammeln, werfen
Sie diese nicht weg. Sie können im Herbst darin allerlei
Kompott aus den verschiedensten Früchten einwecken.
Sie brauchen die Früchte nur aufzukochen, sie in die
Gläschen einzufüllen und mit dem Deckel sofort zu
verschließen. Sie haben dadurch immer kleine Portionen für die Kinder zur Hand, und die Gläschen sind
gut ausgenutzt.

Babypflege

Wenn Ihr Baby durch scharfen Stuhlgang oder Durchfall wund ist, fönen Sie den gesäuberten Po kurze Zeit. Er wird dadurch richtig trocken. Sie werden die Erfahrung machen, daß die wunden Stellen nach dem Eincremen und Pudern schneller wieder heilen.

Baden, Kleinkinder

Kleinkinder in der großen Badewanne zu baden, ist oft ein Problem, weil man sie ständig beaufsichtigen muß. Setzen Sie einfach einen Plastikkorb (mit Öffnungen, bzw. Wäschekorb) in die entsprechend gefüllte Wanne und dahinein das Kleine. Nun kann es nicht umfallen oder ausrutschen und ohne Gefahr planschen.

Besuchsbett, sicheres für Kinder

Wenn Kinder aus fremden Betten leicht herausfallen, schieben Sie das flache Keilkissen vorn unter die Matratze. Das Kind kann höchstens in Richtung Wand rollen und liegt ganz sicher.

Einzelstrümpfe, »eine« Farbe für

Einzelstrümpfe mit unterschiedlichen Farben brauchen Sie nicht wegzuwerfen. Wenn Sie alle Strümpfe in einen Topf mit klarem Wasser zusammenstecken und diese dann etwa eine halbe Stunde lang durchkochen lassen, haben alle Strümpfe die gleiche Farbe.

Erkennungszeichen

Trotz größter Vorsicht verirren sich kleine Kinder im

allgemeinen Trubel immer wieder, sei es im Kaufhaus, auf der Kirmes oder im Tiergarten. Sie wiederzufinden ist nicht immer leicht; ganz besonders schwierig ist es, wenn sie noch nicht richtig sprechen können. Eine »Erkennungsmarke«, z. B. ein Kettchen, Armband oder Anhänger mit eingraviertem Namen und Adresse ist dann sehr von Vorteil. Man kann auch die Adresse mit Spezialkugelschreiber in der Kleidung vermerken.

Essen und trinken nicht im Liegen
Um Verschlucken zu verhindern, sollten Kinder nicht im Liegen Nahrung zu sich nehmen.

Fingerlutschen ist gefährlich
Nicht immer ist Fingerlutschen ungefährlich, es kann zu vorstehenden Oberzähnen und zur Entstellung des betreffenden Fingers führen. Beruhigen Sie Ihr Kind besser mit einem Schnuller.

Früchte auspressen
Ist man nicht gerade stolzer Besitzer einer Entsaftungsmaschine, kann man zum Auspressen von Beerenfrüchten feinmaschigen Diolen-Gardinenstoff verwenden. Die Beeren lassen sich darin gut ausdrücken, ohne daß der Beutel auch nur im geringsten verschmiert oder verstopft; Rückstände können auch mühelos ausgekippt werden.

Gläser, rutschige
Für die Kleinen ist es nicht leicht, ein gefülltes Glas

fest in ihren Händen zu halten. Das Glas rutscht nicht mehr durch die kleinen Händchen, wenn es ein paarmal mit Gummiringen umspannt wird.

»Gemälde« Ihrer Kleinen aufhängen

In irgendeinem Alter werden Kinder zu unermüdlichen Bildermalern, und es fällt schwer, die Vielzahl künstlerischer Schöpfungen gebührend aufzuhängen. Kleben ist nicht gerade ideal, und die Wände mit Heftzwecken zu zerstechen ist auch keine dauerhafte Lösung. – Mit Magnetknöpfen lassen sich die Bilder vortrefflich an einer Metalleiste anbringen und mühelos wieder entfernen. Wenn Sie die Leiste im Kinderzimmer anbringen, kann eine täglich wechselnde Gemäldeausstellung stattfinden.

Gemüsebrei, Nährzucker für den

Wenn Ihr Kleines partout den täglichen Gemüsebrei nicht essen mag, verwenden Sie folgenden Kniff: Geben Sie zwei bis drei Teelöffel Nährzucker in den Gemüsebrei, und Sie werden sehen, daß das Gemüse bis zum letzten Löffel aufgegessen wird.

Gummiwäsche reinigen

Die Gummihöschen reinigt man mit kalter Feinwaschmittellösung. Gelb gewordenes Gummi behandelt man mit Terpentinöl und legt es in die Sonne.

Handtuchaufhänger, Gummiband als

Sie brauchen sich nicht mehr über abgerissene Hand-

tuchaufhänger zu ärgern, wenn Sie anstelle des festen Aufhängers ein elastisches Gummiband annähen; dieses hält selbst einer starken Benutzung stand.

Heiserkeit, Hausmittel bei

Wenn Ihre Jungens vom vielen Herumtoben und Schreien heiser sind, probieren Sie es einmal mit gut gezuckerten, gebratenen Äpfeln.

Kinderbettchen, verrutschte Laken im

Das Laken im Kinderbettchen verrutscht oft vom vielen Strampeln der Kleinen. Sie können das verhindern, wenn Sie anstatt der Laken Bezüge über die Matratze nähen. Nehmen Sie als Maß Länge, Höhe und Breite der Matratze bei doppeltem Stoff. Auf der schmalsten Seite wird der Bezug mit einigen Bändern verschlossen. Dabei entsteht nicht mehr Wäsche als sonst, denn Sie können die Matratze wenden und haben dabei weniger Arbeit.

Kinderhocker aus Waschpulvertonnen

Lustige Kinderhocker lassen sich leicht aus runden Waschpulvertonnen basteln. Die Tonnen werden einfach umgestülpt und mit bunten Tapetenresten oder farbenfroher Folie beklebt. Vor allem bei Kinderfesten kann man solche Höckerchen sehr gut verwenden.

Kinderhosen wachsen mit

Kinderhosen sollten immer etwas zu groß eingekauft

werden. Wenn man zu lange Hosen nach außen um-
schlägt, hat man beim Herauslassen des Saumes keine
abgescheuerten und auffälligen Kanten.

Kinderschlafanzüge verlängern
Kinderschlafanzüge, die zu kurz geworden sind, können noch einige Zeit getragen werden, wenn man die
Schlafanzüge an Jacke, Ärmel und Hosenbeinen mit
einem breiten einfarbigen Streifen verlängert.

Kinderwäsche
Um bei Wundsein des Babys keine Reizwirkung zu
verursachen, sollten Sie Kleinkinderwäsche nicht mit
Waschblau behandeln.

Kinderzimmer, gedämpftes Licht im
Grelles Licht im Kinderzimmer ist nicht sehr angenehm für die Kleinen. Man kann die Lampe mit
einem Lampion verzieren; es sieht recht lustig aus
und spendet gedämpftes Licht. Benötigt man wieder
die volle Lichtstärke, so ist der Lampion schnell entfernt.

Kinderzimmer, Unordnung im
Es wäre fast unnatürlich, wenn im Kinderzimmer
immer alles sauber und aufgeräumt wäre. Manchmal
jedoch ist es notwendig, und man weiß mit den vielen
gekauften und angesammelten Spielsachen nicht wohin. Stellen Sie doch eine »Rumpelkiste« auf, oder
nähen Sie einen großen Beutel, in dem alles Platz hat.

Kinderzimmerfenster, sicheres
Unbefugtes Öffnen der Kinderzimmerfenster kann man vermeiden, wenn man das Fenster durch eine Querstange mit einem Schloß sichert; auch Unfälle können verhindert werden, wenn man einen abziehbaren Fenstergriff (Vierkantschlüssel) verwendet.

Kleidung, blankgescheuerte
Wenn Ihre Kinder noch einen Schulranzen tragen, werden die Kleidungsstücke am Rücken sehr leicht blankgescheuert. Das läßt sich verhindern, wenn Sie die Rückseite des Schulranzens mit Samt bekleben.

Klingelknopf, farbiger
Wenn Ihre Kleinkinder die Klingelknöpfe verwechseln, lackieren Sie Ihren Klingelknopf mit rotem Nagellack, und Ihr Kleines klingelt nie mehr Ihre Nachbarin heraus.

Knetgummi richtig aufbewahren
Damit Knetgummi mit der Zeit nicht hart wird, sollte es in einem Schraubglas aufbewahrt werden. Hartes Knetgummi wird durch etwas Öl oder Fett wieder weich.

Krankheiten
In den ersten Lebensjahren durchstehen Kinder viele Krankheiten, und es wird fast schon zur Routine, den Arzt anzurufen. Bevor man jedoch mit dem Doktor telefoniert, notiert man sich die wichtigsten Symptome

und Angaben, die dem Arzt weiter helfen könnten. Prüfen Sie vorher, ob Ihr Kind Fieber hat, und schreiben Sie auf, welche Fragen Sie stellen möchten.

Lätzchen, Gummibänder fürs
Sie haben bei Ihren Kindern keine Mühe mehr mit dem Umbinden der Lätzchen, wenn Sie am Oberteil ein Gummiband statt der zwei Leinenbänder verwenden. Ihr Kind kann sich das Lätzchen nun schon allein umlegen, und es wird stolz sein, Mamis Hilfe nicht mehr zu benötigen.

Lederhosen werden hart
Mit der Zeit werden Lederhosen hart, und Ihre Jungens wollen sie womöglich nicht mehr gerne anziehen. Kein Problem, weichen Sie die Lederhose in ca. 4 Liter Wasser mit 2 Eßlöffel Olivenöl ein, und drükken Sie die Hose darin gut durch.

Ledersohlen, glatte
Glatte Ledersohlen lassen das Baby leicht ausrutschen und hinfallen. Rauhen Sie die Sohlen mit Sandpapier auf, und bestreichen Sie sie mit Gummilösung; die Schuhe werden dadurch griffig.

Magenverstimmung vorbeugen
Kleinkindern gibt man einmal wöchentlich eine leichte Milchspeise mit etwas Obst. Man beugt damit einer Magenverstimmung vor und erreicht dadurch auch eine gute Verdauung.

Milch bekommt keine Haut mehr

Mögen Ihre Kinder die abgesonderte Haut auf warmer Milch auch nicht trinken? Milch bekommt nach dem Kochen keine Haut, wenn sie in einem kalten Wasserbad unter häufigem Umrühren abkühlt; evtl. ein paar Eisstückchen hinzugeben. Der Fettgehalt, also der Nährwert der Milch, erstarrt durch das plötzliche Abschrecken und setzt sich nicht als Haut auf der Milch ab.

Milch, nicht immer nur

Viele Kinder mögen nach einer gewissen Zeit keine Milch mehr trinken. Wenn sie die wichtigen Nährstoffe der Milch in anderer Form erhalten, ist dies gar nicht weiter schlimm. Probieren Sie es doch einmal mit Quark und Früchten, mit Dickmilch oder mit Joghurt; auch Kakao, Malzkaffee mit Milch oder Fruchtsaft mit Milch können ein willkommenes Getränk sein.

Mückenstiche, Schutz vor

Besonders in der warmen Jahreszeit sind Mücken eine Plage. Kleinkinder sollten deshalb täglich mit einer Mückenschutzsalbe geschützt werden. Übrigens halten auch Eukalyptusöl oder Nelkenöl Mücken ab, und diese Öle sind selbst für Säuglinge völlig reizlos.

Nachtmahl, Babys

Säuglinge müssen nachts oder schon am sehr frühen Morgen ihr Fläschchen haben. Um die Nachtruhe

nicht allzusehr zu stören, empfiehlt sich folgendes: Bereiten Sie die Nahrung schon abends zu, und schütten Sie die Milch kochend in eine Thermoskanne. Über Nacht kühlt die flüssige Nahrung so weit ab, daß sie zur benötigten Zeit trinkfertig ist.

Nägelkauen

Wußten Sie, daß Nägelkauen oft auf Ernährungsfehler zurückzuführen ist? Häufig kann man das ausgleichen, wenn man viel Tomaten zu essen gibt.

Papiertaschentücher für Kinder

Schnupfenzeit ist in einer Familie mit kleinen Kindern eine Plage. Die Näschen laufen . . . und die elterlichen Taschentücher zum Putzen zu verwenden ist nicht gerade das Richtige. Machen Sie es ganz einfach: Hängen Sie in eine Ecke des Kinderzimmers eine Rolle mit seidenweichem Toilettenpapier. Wenn Sie dann noch einen Plastikeimer darunter stellen, kann sich jeder rasch bedienen.

Pullover, selbstgestrickte

Wenn Sie sich die Mühe machen und für Ihr Kleines Pullover und Pullis selber stricken, empfiehlt es sich, sie so zu stricken, daß sie von beiden Seiten getragen werden können. Man strickt Vorder- und Rückenteil sowie den Halsausschnitt gleichgroß. Die Stricksachen lassen sich dann von beiden Seiten tragen und nutzen sich nicht so schnell ab.

Schnuller und Flaschensauger reinigen

Man feuchtet sie mit Wasser an und reibt sie mit Kochsalz sauber; in gewissen Abständen werden sie ausgekocht.

Schuhe kaufen

Mit Kindern hat man beim Schuhekaufen oftmals Schwierigkeiten, weil die Kleinen nie sagen können, ob die Schuhe richtig passen, zu klein sind oder nur drücken, weil sie neu sind. Da öfteres Durchleuchten schädlich ist und die Kinder beim Anprobieren die Zehe häufig krümmen, macht man sich vor dem Schuhkauf eine Pappschablone von den Füßen. Mit einem Bleistift umreißt man die auf Karton gestellten Füße und schneidet dann die Schablone aus.

Schuhkasten, praktischer

Aus einem Plastik-Bierkasten läßt sich eine gute Schuhablage für Ihre Kinder fertigen. In den Fächern können kleine Schuhe wunderbar und ordentlich aufbewahrt werden; bei größeren Schuhen nimmt man die Unterteilung entsprechend heraus. Sägt man den Kastenrand ab und hängt den Schuhkasten an die Wand, so sieht die Schuhablage auch optisch sehr schön aus.

Schuhspitzen, abgestoßene

Jungens haben häufig abgestoßene Schuhspitzen mit schwarzen Flecken. Wenn sonst nichts mehr hilft, können Sie diese Stellen mit feinem Sandpapier aufrauhen

und reichlich mit Deckcreme einschmieren. Wenn Sie nach einer halben Stunde die Schuhe polieren, werden Sie glänzenden Erfolg haben.

Schulbücher, fliegende Blätter in
Ohne große Mühe lassen sich fliegende Blätter in Büchern wieder einkleben, wenn man einen Papierstreifen so lang wie das Buch und etwa 2 cm breit, in der Mitte einmal falzt, an den einen Schenkel ein herausgerissenes Blatt klebt und mit der anderen Seite in das Buch einklebt.

Seifenblasen
Ein wunderbares Spiel für Kinder ist »Seifenblasen machen«. In ein Glas mit Wasser gibt man etwas Spülmittel und kann dann mit einem Strohhalm Seifenblasen pusten; mischt man noch ein wenig Glyzerin unter, schillern die Seifenblasen in allen Regenbogenfarben.

Söckchen, ausgeleierte
Kindersöckchen und Kniestrümpfen, deren gummidurchwirkter Teil weit und lasch geworden ist, gibt man neuen Halt. Man versieht die Strümpfe mit einem schmalen Saum und zieht ein Gummiband durch.

Spielsachen, neue
Sollten Ihre Kinder sehr viele Spielsachen haben, teilen Sie diese in zwei Teile, und legen Sie einen Teil für einige Zeit lang fort. Sie glauben gar nicht, wie sich

Ihre Kinder freuen, wenn Sie die »neuen« Spielsachen gegen die bisherigen austauschen.

Spielzeug, abwaschbares
Holz- und Metallspielzeug läßt sich gut reinigen, wenn man es mit farblosem Lack überstreicht.

Spinat, aufgewärmter
Besonders bei Babys und Kleinkindern sollte Spinat nicht mehr aufgewärmt werden. Aufgewärmter Spinat entwickelt Nitrin, das Vergiftungserscheinungen hervorruft – dann sofort zum Arzt!

Stoffhandschuhe für Säuglinge
Säuglinge fügen sich durch Kratzen häufig Wunden zu. Binden Sie um die Handgelenke Stoffhandschuhe ohne Finger und Daumen; schnell hat sich Ihr Kind das Kratzen abgewöhnt.

Stuhlgang, kein
Verstopfungen müssen nicht gleich mit Abführmitteln kuriert werden. Meistens genügt es, wenn man morgens auf nüchternen Magen rohes Obst zu essen gibt; ein Glas Orangensaft vor dem Frühstück regt auch die Verdauung an.

Stuhlgang, weißer
Weißer Stuhlgang bei Säuglingen ist ein Zeichen von Kohlehydratmangel und ein Zeichen einseitiger Milchernährung (Eiweißüberangebot).

Überraschungskalender zu Weihnachten

Die letzten 24 Tage vor Weihnachten sind für die Kinder besonders spannend – was wird es am Heiligabend geben? Bereiten Sie den Kleinen auch schon Tage zuvor mit einem »Überraschungskalender« eine Freude. An unterschiedlich langen Bändern hängt man von 1 bis 24 numerierte Streichholzschachteln, Zigarettenschachteln oder kleine Päckchen mit Naschereien, Autos, Figuren etc. In Abständen von 5 cm werden die Überraschungen an der Wand aufgehängt, oder man zieht die Päckchen auf einem Band auf.

Windelhosen, weiche

Windelhosen bleiben viel länger weich und halten darum doppelt so lange, wenn man sie nach dem Kochen nur heiß und nicht mehr kalt spült.

Wollhandschuhe, wasserdichte

Im Winter nützen warme Wollhandschuhe nichts, wenn sie durch das Spielen im Schnee naß geworden sind. Legt man Wollhandschuhe einige Stunden in essigsaure Tonerde und läßt sie dann, ohne zu spülen trocknen, werden sie wasserdicht.

Zeitvertreib für Kinder

Wenn Sie eine Mappe anlegen, in der Sie kleine Bildchen, Reklameprospekte, Ansichtskarten, Silberpapier, leere Blätter usw. sammeln, haben Ihre Jungen und Mädchen für Regentage immer etwas zum Buntmalen und Abpausen.

KÖRPER-, SCHÖNHEITSPFLEGE
UND KOSMETIK

Abnehmen

Wenn Sie abnehmen wollen, verzichten Sie nach Möglichkeit auf Salz, und würzen Sie mit anderen Gewürzen. Salz bindet das Wasser im Körper.

Äderchen

Kleine Äderchen in der Gesichtshaut wirken störend; vermeiden Sie Gesichtsdampfbäder, damit sie nicht weiter hervortreten. Hausmittel: Füllen Sie 2 Hände voll feingehackte frische Petersilie in Mullsäckchen und lassen Sie diese ca. $1/2$ Stunde auf dem Gesicht liegen. Heiße Kompressen im Nacken helfen ebenfalls; sie ziehen das gestaute Blut vom Gesicht ab.

Armbad, kaltes

Ein 1–2 Minuten dauerndes kaltes Armbad wirkt bei warmem Wetter angenehm abkühlend.

Augen, Ränder unter den

Ist die Ursache nicht ein nervöses Leiden (bei dem man den Arzt um Rat fragen sollte), hilft eine 14tägige

Wechselbadkur. Zweimal täglich legt man abwechselnd einen heiß befeuchteten Wattebausch und einen mit kaltem Wasser getränkten Wattebausch einige Minuten lang unter die Augen.

Augen, müde
Besonders bei angestrengtem Nähen, Lesen und dergleichen ermüden Augen recht leicht; machen Sie eine kurze Pause, und lassen Sie den Blick einige Sekunden in die Ferne schweifen, das Auge ruht sich hierbei von der einseitigen Überanstrengung aus.

Augenbrauen korrigieren
Es gibt verschiedene Möglichkeiten, Haare zu entfernen, doch bei Augenbrauen sollte man die schonendste Art der Enthaarung anwenden. Damit sich die Poren in der Haut erweitern, legt man warme Kompressen auf, und anschließend reibt man mit Vaseline ein. Die störenden Härchen werden mit einer Brauenpinzette ausgezupft, und anschließend werden die Stellen mit alkoholhaltigem Gesichtswasser betupft.

Augenbrauen, schönere
Augenbrauen werden besonders dunkel und glänzen recht schön, wenn sie leicht mit etwas Öl oder einer Fettcreme eingerieben werden. – Rizinusöl und vorsichtige Bürstenmassage fördern die Dichte der Wimpern. Als Bürste läßt sich gut eine gewöhnliche Zahnbürste verwenden.

Augengymnastik

Klare und frische Augen erhält man, wenn man einen mit kaltem Wasser getränkten Wattebausch auf die geschlossenen Augenlider legt und dann die Augen eine zeitlang rollt.

Badeextrakt aus Mandarinenschalen

Wußten Sie, daß man Mandarinenschalen als erfrischenden Badezusatz verwenden kann, wenn man die Schalen 2 Tage in einem Gefäß ausziehen läßt und den gefilterten Extrakt ins Badewasser gibt?

Badesalz selbst herstellen

Wenn man will, kann man aus 400 g Alaun und 200 g Natron selber Badesalz herstellen; und damit es wohlriechend duftet, gibt man noch etwas Fichtennadelöl hinzu.

Badezusätze

Die richtigen Badezusätze runden die Körperpflege ab; allerdings muß man sich in der Vielzahl der angebotenen Badezusätze auskennen: Bei fettiger Haut helfen Salbei-, Kamille-, Schwefel- und Kleiezusätze. Belebende Wirkung haben Badezusätze mit Pfefferminz, Kastanien, Rosmarin oder Heublumen. Bei einer Wassertemperatur von 37–40 Grad C entwickeln Baldrian, Lavendel, Fichtennadeln, Lindenblüten und Kamille beruhigende Wirkung. Roßkastanienextrakte sorgen für eine gute Durchblutung, Meersalz festigt das Gewebe, entspannt und wirkt kräftigend; und ein Euka-

lyptusbad bringt Erleichterung bei Erkältung. Bei unreiner und empfindlicher Haut ist ein Weizenkleiebad zu empfehlen.

Beine, übermüdete

Schmerzende und übermüdete Beine, nach weiten Wanderungen oder nach langem Stehen, sollten hoch gelagert werden; auch ein lauwarmes Fußbad und anschließendes Übergießen mit kaltem Wasser hilft.

Braunwerden ohne Sonnenbrand

Während des ersten Sonnenbads ist es wichtig, den Körper nicht unmittelbar der prallen Sonne auszusetzen. Wußten Sie, daß man im Schatten genauso bräunt, wie in der prallen Sonne, wenn man über sich den Himmel sehen kann? Friert man allerdings, so bräunt man nicht, weil die Haut nicht richtig durchblutet wird.

Bräunen, schneller

Wenn Ihre Haut nur langsam braun wird, hilft ein bewährtes Hausmittel: reiben Sie sich im Schatten mit Weinessig ein, und warten Sie dann mit dem Sonnenbad noch solange, bis die Haut wieder ganz trocken ist. Sie werden sehen, daß Sie viel schneller bräunen; wenn Sie wollen, können Sie diesen Kniff nach einigen Stunden noch einmal wiederholen.

Buttermilch als Schönheitsmittel

Buttermilch ist ein vorzüglich wirkendes Schönheitsmittel. Die Haut wird straffer, und selbst kleine Fält-

chen verschwinden wieder, wenn man das Gesicht mit Buttermilch wäscht.

Creme hält sich länger

Kostbare Creme hält sich länger, wenn man sie kühl aufbewahrt. Damit Bakterien, die ja fast immer an den Händen sind, nicht mit in die Creme kommen, benutzt man einen Spachtel, der allerdings ständig gereinigt werden muß.

Damenbart, lästiger

Diese unschönen Gesichtshaare lassen sich durch Abrasieren oder Auszupfen nicht dauerhaft entfernen. Der Damenbart wird ausgebleicht und verschwindet bald ganz, wenn er täglich mit einer Mischung aus gleichen Teilen Wasserstoffsuperoxyd und Salmiakgeist betupft wird.

Dauerwellen

Dauerwellen, die in regelmäßigen Abständen alle 2–3 Monate gelegt werden, sind für das Haar schädlich. Es empfiehlt sich, immer eine kurze Zeit auszusetzen, damit sich das Haar erholen kann. Bei krankem Haar sollten Sie keine Dauerwellen tragen.

Dauerwellenfixativ selbst herstellen

Sie können Geld sparen und haben ständig zu jeder Dauerwellenfrisur das Fixativ zur Hand, wenn Sie es selbst herstellen. Es ist ganz leicht, man verwendet 4 % Borax und 96 % destilliertes Wasser.

Durchblutungsförderndes Bad
Ein Salzbad wird mit ca. 4–8 Pfd. Kochsalz angerichtet; es wirkt stark durchblutungsfördernd. – Allerdings nicht geeignet bei zu hohem Blutdruck.

Eigelbpackungen
Auf die gründlich gereinigte Haut wird ein Extrakt aus einem Eigelb, einem Teelöffel Olivenöl und einigen Tropfen Zitronensaft aufgetragen; 20 Minuten lang einwirken lassen. (Alle Zutaten werden vermischt und im Wasserbad erwärmt.) Diese Eidottermaske nährt und glättet spröde und rissige Haut.

Eiweißmasken
Wußten Sie, daß eine Eiweißmaske, hergestellt aus schaumig geschlagenem Eiweiß, vermischt mit einigen Tropfen Zitronensaft, die Haut strafft und große Poren verengt? Die Eiweißmaske wird mit einem breiten Pinsel aufgetragen und nach kurzem Eintrocknen mit lauwarmem Wasser abgewaschen.

Ellbogen, rauhe
Rauhe Ellbogen sehen nicht schön aus. Man füllt zwei Schüsselchen mit angewärmtem Oliven-Vitamin oder Hautöl und badet die Ellbogen einige Minuten lang darin. Die rauhen Stellen werden gebürstet und mit Bimsstein abgerieben, mit warmem Wasser nachgespült und mit einer guten Hautcreme eingecremt.

Fettsucht, Ananas verhindert
Wußten Sie, daß frische Ananas (nicht aus der Konservendose) für reichlich Wasserausscheidung sorgt und Fettsucht verhindert?

Fingernägel pflegen:
Trockene und brüchige Nägel brauchen viel Pflege. Man fettet sie täglich ein und taucht sie abends in warmes Öl. Mit einem Nagelhärter werden die Nägel alle 3 Tage bestrichen. Will man noch ein weiteres tun, helfen auch zusätzlich Eisenpräparate, die man einnimmt. Weiche Fingernägel sollten Sie in einer Lösung aus Rizinusöl und einigen Tropfen Zitronensaft 2mal wöchentlich 10 Minuten lang baden. Haben Ihre Nägel Rillen, benutzen Sie einige Zeit lang keinen Nagellack, und baden Sie die Nägel in Mandelöl – zusätzlich Kalzium einnehmen.

Gesicht, fettiges
Wäscht man regelmäßig morgens das Gesicht mit lauwarmem Essigwasser, kann man leicht die unschönen Glanzstellen entfernen.

Gesichtsdampfbäder
Gesichtsdampfbäder von Kamille oder Salbeikräutern wirken tiefenreinigend, erweitern die Poren und sorgen für eine bessere Durchblutung der Haut. Sie wirken bei fettiger und grauer Haut heilend. Bei trockener Haut sollten Gesichtsdampfbäder gemieden werden, hier empfehlen sich Kompressen.

Gesichtshaut, erschlaffte

Bei erschlaffter Gesichtshaut helfen heiße Umschläge mit Milch, mehrmals täglich. Gegen unreine Gesichtshaut hilft eine Packung mit Heilerde. Bei trockener und nervöser Haut macht man Quark-, Karotten- oder Bananenpackungen. Fettige und großporige Haut wäscht man mit Mandelkleie und pflegt sie mit Gurkenwasser zweimal wöchentlich (verdünnter Zitronensaft hilft auch sehr gut).

Gesichtshaut, rosarote

Es ist keine Kunst, selbst bei gelber oder grauer Haut, strahlend auszusehen; geben Sie etwas Teintgrundierung in die Handfläche, und mischen Sie ganz wenig Rougecreme (Größe eines Stecknadelkopfes) darunter. Diese selbstbereitete Creme wird auf das Gesicht aufgetragen und mit etwas Wangenrot anschließend abgetönt.

Gesichtsmasken richtig auftragen

Im allgemeinen sollen Gesichtsmasken nicht länger als eine halbe Stunde einwirken. Der Brei für die Maske wird gut verrührt und mit einem flachen Pinsel auf die gereinigte Haut aufgetragen. Mit lauwarmem Wasser und mit Hilfe eines Wattebausches wird die Gesichtsmaske sorgfältig weggewaschen; danach keine alkoholischen Gesichtswasser verwenden.

Gesichtswasser, alkoholhaltiges

Ist es Ihnen bekannt, daß alkoholhaltiges Gesichts-

wasser der Haut Fett entzieht? Bei normaler Haut verwendet man ein Gesichtswasser mit 8 bis 15 % Alkoholgehalt; bei fettiger Haut ein Gesichtswasser mit 15–20 % und bei trockener Haut ein Gesichtswasser mit 4–6 % Alkoholgehalt.

Gesichtswasser selbst zubereiten
Ein gutes Gesichtswasser läßt sich aus 2/3 frisch gepreßtem Orangensaft und 1/3 Rosenwasser herstellen.

Gurkensaft als Schönheitsmittel
Gurkensaft ist ein vortreffliches Mittel zur Schönheitspflege. Wenn man den frisch gekochten und gefilterten Gurkensaft einkocht und dann in eine gute Hautcreme mischt und kühl aufbewahrt, hält sich der Gurkensaft lange Zeit frisch.

Haar, glanzloses und farbloses
Hausmittel bei glanzlosem Haar: 2 Eßlöffel Öl, 1 Eigelb und etwas Zitronensaft im Wasserbad erwärmen und auf das Haar auftragen. Farbloses Haar spült man mit Essig.

Haar, sprödes und ausgetrocknetes
Haare, die durch starke Sonnenbestrahlung oder durch häufiges Schwimmen im Chlorwasser ausgetrocknet sind, sollte man mit fetthaltigem Haarwasser pflegen.

Haare, ergraut
Mit zunehmendem Alter ergrauen die Haare, weil sich

die Pigmentstoffe im Körper reduzieren. Das Ergrauen läßt sich allerdings verzögern, wenn Sie sich
folgenden Tip zunutze machen: Spülen Sie die Haare
nach dem Waschen mit Essigwasser (und zwar im Verhältnis $1/3$ Essig zu $2/3$ Wasser). Ganz aufhalten läßt
sich das Grauwerden aber nicht.

Haarfestigungsmittel, Bier als
Spült man das Haar nach dem Waschen noch einmal
mit Bier, wird es steifer und fester beim Wellen. Sobald das Haar getrocknet ist, hat sich der Biergeruch
verflüchtigt.

Haarpflege, Essig zur
Spült man die Haare nach dem Waschen mit Essigwasser, werden sie seidenweich. Blondes Haar läßt
sich auf diese Weise auch unschädlich bleichen.

Haarwäsche mit Puder
Fettiges Haar kann man ohne zu waschen gut mit Puder reinigen; allerdings wird dadurch das Haar bald
glanzlos. Puder sollte auch deshalb nur selten angewandt werden, weil der Talk die Hautporen verstopft.
Ist das Haar glanzlos geworden, sollte es gewaschen
und mit einem alkoholhaltigen Kopfwasser massiert
werden.

Haarwäsche ohne Wasser und Puder
Ist man plötzlich zu Besuch eingeladen und will man
sich ohne es zu waschen noch schnell das Haar zurecht-

machen, so feuchtet man es mit einem stark alkoholhaltigen Haarwasser an und reibt Fett und Staub mit
einem weichen Tuch aus.

Halshaut, faltenfreie

Bewährtes Hausmittel, den Hals faltenfrei zu halten:
reiben Sie einmal wöchentlich vor dem Schlafengehen
den Hals mit einer Sahneschicht von roher Milch ein –
sie ist ein vorzügliches Kosmetikmittel.

Handpflege, Essig zur

Cremt man Hände mit einer Fettcreme ein, so bleiben
sie geschmeidig, wenn man danach noch einige Tropfen Essig mit einmassiert. Essig zieht die Haut zusammen und erhöht somit die Schutzwirkung.

Hände pflegen

Feuchte Hände pflegt man mit Franzbranntwein.
Rauhe Hände reibt man nach dem Waschen mit Gly-
zerin und Zitronensaft ein. Möchte man gerne rote
Hände erhalten, wäscht man sie anstatt mit Seife mit
Mandelkleie und reibt mit Zitronensaft ein. Weiße
Hände bekommt man, wenn man sie ca. 20 Minuten
lang in heißem Salzwasser badet und anschließend eine
gute Fettcreme einmassiert.

Hände, rauhe

Spröde Hände müssen nicht unbedingt Begleiterschei-
nung des Herbst- und Winterwetters sein. Reibt man
die Hände täglich mit einer Mischung aus gleichen Tei-

len Glyzerin, Zitronensaft und Bienenhonig ein, erhält man zarte, gepflegte Hände.

Hausfrauenhände

Manchmal genügt es nicht, rauhe Hände einfach mit einer Fettcreme zu pflegen. Stark beanspruchte Hände, rauh und verschmutzt, reinigt man in Boraxwasser und reibt sie mit Olivenöl ein; besonders rauhe Stellen werden mit Bimsstein wieder glatt geschliffen.

Haut, fettige und glänzende

1–2 Teelöffel Mandelkleie, 10 Tropfen Benzoltinktur, 10 Tropfen Zitrone, vermischt mit einem Eiweiß (von einem Ei). Die Maske wird sehr hart. Vor dem Wegwaschen gut anfeuchten, und nicht häufiger als einmal wöchentlich anwenden.

Haut, großporige

Man mischt: 10 Tropfen Benzoetinktur, 10 Tropfen Zitrone, 1–2 Eßlöffel Salbeitee und 2–3 Teelöffel Vollkorn-, Gersten- oder Roggenmehl.

Hauttest

Für jeden Hauttyp gibt es besonders geeignete Präparate und Pflegemittel. Allerdings müssen Sie erst einmal feststellen, welche Haut Sie haben, ob normale, fettige, trockene oder Mischhaut. Dazu verwendet man ein käufliches Spezialpapier. Man wäscht das Gesicht, trägt keine Kosmetik auf und preßt nach ca. 3 Stunden dieses Spezialpapier fest auf die Gesichtsfläche.

Sie haben *normale Haut,* wenn sich auf dem Papier nur wenige Abdrücke zeigen; Ihre Haut sieht äußerlich frisch, gut durchblutet, feinporig und zart aus.

Sie haben *fettige Haut,* wenn das Papier voller Fettspuren ist. Äußere Kennzeichen der Haut: blaß oder gelblich gefärbt, schlecht durchblutet, neigt zu Talkverstopfungen und Mitessern.

Trockene Haut neigt zu roten Flecken und zur Fältchenbildung; Ihre Haut ist glanzlos und hinterläßt auf dem Papier keine Fettspuren.

Sie haben eine *Mischhaut,* wenn nur einige Teile des Gesichts Fettspuren hinterlassen, andere aber völlig trocken sind. Weitere Kennzeichen: Manche Partien sind großporig, andere feinporig.

Wenn Sie nun wissen, welchem Hauttyp Sie angehören, können Sie die passenden Spezialpräparate erfolgreich anwenden (s. auch »Gesichtsmasken«).

Haut, trockene
Gesichtsmaske aus: 1 Eigelb, 1 Teelöffel Sahne, 1 Teelöffel Speiseöl und 2–3 Teelöffel Hirsemehl.

Haut, überempfindliche
Überempfindliche Haut sollte man nicht mit Seife reinigen. Aok-Mandelkeime in pulverisierter Form oder einfach Gesichtswasser sind hierfür bestens geeignet. – Wußten Sie, daß Gesichtswasser weit länger reicht, wenn der Wattebausch erst mit Wasser angefeuchtet wird und dann erst etwas Gesichtswasser darauf ge-

träufelt wird? Die Wirkung ist genauso, als wäre der Wattebausch ganz mit Gesichtswasser getränkt.

Haut, unreine
Man verrührt zu einem Brei und trägt als Gesichtsmaske auf: 1 Eßlöffel Heilerde, 1^1/$_2$ Eßlöffel Huflattichtee und ^{1}/$_2$ Teelöffel Hamamelis.

Haut, welke
1 Teelöffel Kräutercreme, 1 Eigelb, 5 Tropfen Myrrhetinktur und eine Messerspitze Fenchelpulver.

Haut, zarte
Zarte Haut erhalten Sie, wenn Sie Ihrem täglichen Waschwasser etwas Buttermilch oder Vollmilch beigeben.

Hühneraugen entfernen
Hühneraugen lassen sich ohne besondere Mittel entfernen, wenn man sie in heißem Wasser gut aufweicht. Hiernach kann man sie leicht mit dem Fingernagel entfernen.

Kosmetikkoffer
Sie brauchen nicht unbedingt einen teuren Kosmetikkoffer für Ihre Pflegemittel zu erstehen. Mit ein wenig Geschick läßt sich ein Werkzeugkasten aus Plastik mit vielen Unterteilungen zu einem praktischen Kosmetikkoffer herrichten. Alle kosmetischen Dinge sind hier vortrefflich in den vielen Fächern untergebracht, und

Sie haben immer alles parat, wenn man ihn wie eine Ziehharmonika öffnet.

Lippen, trockene und spröde
Schöne und gut durchblutete Lippen erhält man, wenn man morgens und abends die trockenen und spröden Lippen mit einer weichen Zahnbürste kräftig bürstet und dann mit Creme einfettet.

Mitesser
Die Haut weicht man durch ein warmes Bad auf (bei Mitessern im Gesicht durch ein Gesichtsdampfbad). Mit einer Hand spannt man dann die Haut etwas und drückt die Mitesser mit einem in Alkohol getauchten Holzspachtel aus.

Mundgeruch, Kümmelkörner gegen
Mundgeruch, der durch den Magen verursacht wird, vertreibt man durch häufiges tägliches Kauen einiger Kümmelkörner.

Muskelkater vertreiben
Muskelkater entsteht durch Überanstrengung einzelner Muskeln. Besonders beim morgendlichen Aufstehen macht der Muskelkater einem sehr zu schaffen. Entweder man bewegt sich kräftig (was jedoch die erste Stunde recht schmerzhaft ist), oder man duscht sich warm und kalt; anschließend frottiert man die Haut kräftig ab und reibt sich mit Franzbranntwein ein.

Nagelfeilen reinigen

Stumpfe und verschmutzte Nagelfeilen lassen sich leicht reinigen. Man überklebt die Feile mit einem Streifen Leukoplast oder ähnlichem Klebeband und zieht den Staub und Schmutz mühelos damit ab.

Nagellack, eingetrockneter

Verdickter Nagellack läßt sich mit etwas Nagellackentferner wieder verflüssigen. Man gibt wenige Tropfen hinein und schüttelt oder rührt recht kräftig durch.

Narben

Durch häufiges Massieren mit Zinksalbe werden kleinere Narben im Gesicht weniger auffällig.

Nase, gerötete

Hat die Nase tagsüber zuviel Sonne bekommen, reibt man sie abends mit einer frischen Zitrone ein und läßt den Saft über Nacht einwirken.

Nikotinflecke an Fingern

Durch mehrmaliges Abwaschen mit einer Mischung aus starkem Seifenwasser und reinem Spiritus lassen sich nikotinverfärbte Hände wieder sauber bekommen.

Parfümbad

Der Duft Ihres Parfüms wird auf der ganzen Haut gleichmäßig verteilt und Sie den ganzen Tag umschmeicheln, wenn Sie wenige Tropfen Ihres Parfüms

ins Badewasser geben. Ein solches Bad macht frisch und munter; Sie fühlen sich danach wie neu geboren.

Pudern, richtig
Man bringt mit einem Wattebausch reichlich Puder auf die Haut, ohne jedoch zu reiben. Nimmt man das Zuviel des Puders mit einer weichen Bürste ab, hat die Haut einen gleichmäßig weichen Schimmer.

Puderdosen-Spiegel sauber halten
Der Spiegel in einer Puderdose beschmiert nicht mehr so leicht, wenn man ein passendes Stück Plastikfolie zwischen Puderquaste und Spiegel legt.

Schlafmittel, harmloses
Können Sie nachts nicht einschlafen und wollen Sie keine medizinischen Schlafmittel benutzen? Essen Sie kurz vor dem zu Bettgehen etwas; der einsetzende Verdauungsprozeß wirkt bei vielen einschläfernd und beruhigend.

Schminken, richtig
Schminken ist eine Kunst, doch auch der Anfänger sollte folgendes beachten: das Make-up muß transparent sein, als Untergrund verwendet man vor dem Make-up eine Feuchtigkeitscreme oder eine Tagescreme. (Niemals eine Fettcreme verwenden, das Make-up würde fleckig und verlaufen.) Für den Abend sollte man sich bei elektrischem Licht schminken und für das Tages-Make-up bei Tageslicht. Ver-

änderte Lichtverhältnisse können Ihr kunstvolles Make-up entstellen. Vor dem Schminken gründlich waschen.

Seife, milde
Gesichtsseife bzw. milde Seife erkennt man daran, daß sie auf den Lippen weder brennen noch beißen darf.

Sonnenbrand lindern
Hat sich erst einmal ein Sonnenbrand gebildet, ist es für Öl und Salben zu spät; er läßt sich jedoch mildern, wenn man ihn mit Quark einreibt und mit saurer Milch abwäscht. (Öfter wiederholen.)

Tomatensaft als Schönheitsmittel
Frischer Tomatensaft ist ein ausgezeichnetes Schönheitsmittel für die Gesichtshaut.

Urlaubsbräune verlängern
Mit frischer Milch und Möhrensaft pflegt und nährt man urlaubsgebräunte Haut. Durch Einreiben mit diesem Hausmittel verlängert man auf natürliche Weise die Wirkungsdauer der Urlaubsbräune.

Wassertreibendes Mittel
Die Wasserausscheidung verdreifacht sich bei folgendem Hausmittel: man kocht 35 g Maiskolben auf ein Liter Wasser, ziehen lassen und den Tee heiß trinken.

Wimpernwuchsmittel

Rizinusöl ist ein bewährtes Wimpernwuchsmittel; vor dem Schlafengehen wird es vorsichtig aufgebürstet.

Zahnbelag

Sind Sie ein starker Raucher? Gelblich verfärbte Zähne lassen sich durch Abreiben mit Kochsalz aufhellen, oder man putzt sie mit verdünntem Wasserstoffsuperoxyd. Frühestens alle 2 Wochen wiederholen – sonst schädlich für den Zahnschmelz.

Zahnpflege durch Obst

Wußten Sie, daß die Fruchtsäure Fäulnisbakterien von Speiseresten im Mund und an den Zähnen vernichtet? Z. B. durch Essen von Äpfeln wird auch der unangenehme Zahnbelag abgerieben.

Zimmer parfümieren

Ohne Zerstäuber und für längere Zeit läßt sich Ihre Wohnung angenehm parfümieren. Tupfen Sie auf eine kalte Glühbirne einige Tropfen Ihres Parfüms. Sobald Sie das Licht anknipsen, bringt die Wärme das Parfüm voll zur Entfaltung.

Zunehmen

Nicht alle wollen abnehmen; für manche ist es ein Problem zuzunehmen. Versuchen Sie folgenden Tip: Trinken Sie soviel Dosenmilch (Kondensmilch) wie Sie mögen, oder trinken Sie vor dem Mittagessen stark gezuckerten Fruchtsaft. Schlafen Sie viel, und ruhen Sie sich besonders nach jeder Mahlzeit aus.

KRANKHEITEN, UNBEHAGEN, VERLETZUNGEN

Alkoholwirkung, Kaffeebohnen verhindern
Man zerkaut bis zu 10 Kaffeebohnen je nach Alkohol-
genuß und schluckt den zerkauten Kaffee langsam herunter. Vorheriger Genuß von Orangensaft bindet
allerdings den Blutalkoholgehalt.

Ansteckung, Wacholderbeeren gegen
Ein erprobtes Mittel gegen Ansteckungsgefahr sind
Wacholderbeeren. Man zerkaut bei drohender An-
steckungsgefährdung täglich einige Wacholderbeeren;
sie wirken ausscheidend und werden selbst von empfindlichen Mägen gut verdaut.

Appetitlosigkeit
Einfaches Hausmittel: Man nimmt vor den Mahlzeiten etwa 4 Tropfen Lavendelöl auf Würfelzucker
zu sich.

Ausschlag, Bierhefe heilt
Schon nach wenigen Tagen verschwindet Ausschlag
bei Kindern, wenn man einen Eßlöffel voll Bierhefe
unter das Essen gibt.

Beruhigungsmittel, Honig als

Wenn Sie einen nervösen und unruhigen Schlaf haben,
nehmen Sie doch einmal einen Teelöffel voll Honig
vor dem Schlafengehen ein. Honig ist genau wie Baldrian ein gutes Beruhigungsmittel.

Bläschenausschlag, »Wechselbad« bei

Bläschenausschlag, besonders an den Lippen, wirkt
sehr störend und heilt nur langsam ab. Oft verschwinden die Bläschen schon nach kurzer Zeit, wenn man
sie abwechselnd mit einem – in eiskaltes bzw. sehr
heißes Wasser getauchten – Wattebausch betupft.

Bluterguß, essigsaure Tonerde wirkt gegen

Bei Bluterguß legt man einen Umschlag oder ein
Läppchen mit essigsaurer Tonerde oder Arnikatinktur
auf die verletzte Stelle. Umschläge mit kaltem Wasser helfen auch, sind aber nicht so wirksam.

Blutkreislauf – heiße Milch anregend

Heiße Milch wirkt schweißtreibend und regt die Nie-
rentätigkeit sowie den Blutkreislauf an.

Brennesseljucken, Fettcreme gegen

Brennessel verursachen, wenn man ihnen zu nahe
kommt, starkes Jucken und kleine Schwellungen. Man
sollte nicht versuchen, das Jucken durch Kratzen zu
lindern, es kann zu Entzündungen kommen. Das Juk-
ken läßt schnell nach, wenn man die betreffende Kör-
perstelle mit einer Fettcreme behandelt.

Fieber und Frösteln
Starker Bohnenkaffee mit Zitronensaft vor den Mahlzeiten vertreibt Fieber und Frösteln.

Geschwüren, heiße Zwiebel bei
Um Geschwüre schneller zum Aufgehen zu bringen, brät man eine Zwiebel halb gar, halbiert sie und legt die noch heiße Hälfte auf das Geschwür.

Grippe, Schafgarbe und Fenchelkörner gegen
Gegen Grippe gibt es käufliche Medizin und Tabletten. Wollen Sie aber trotzdem lieber ein natürliches Gegenmittel anwenden, hilft ein Tee aus Schafgarbe und Fenchelkörnern. Man kocht 1 Teelöffel voll Fenchelkörner und 1 Eßlöffel voll Schafgarbe, aufgesetzt in 1/4 Liter kaltem Wasser, ca. 15 Minuten lang und trinkt diesen Tee 1/2 Stunde vor den täglichen Mahlzeiten.

Gurkensaft
Gurkensaft ist nicht nur ein bekanntes Schönheitsmittel, sondern hilft auch als Heilmittel bei Hals-, Luft- und Lungenleiden, bei Husten und bei Magenerkrankungen. Man süßt den frischen Gurkensaft mit Honig, trinkt ihn schluckweise und wird bald Linderung verspüren.

Hals- und Bronchialkatarrh, Apfeltee gegen
Man bereitet einen Tee aus Äpfeln, und zwar schneidet man sie in dünne Scheiben, läßt sie einige Minuten

in kochendem Wasser ziehen und süßt dann den durchgesiebten Tee mit etwas Zucker. Dieser Apfeltee gilt als Hausmittel bei Hals- und Bronchialkatarrh.

Halsentzündung, Glyzerin hilft gegen
Man gurgelt ab und zu mit Salzwasser oder nimmt bei Halsentzündungen mehrmals täglich einen Löffel gereinigtes Glyzerin. Vorsicht allerdings bei einem grauweißen, festen Belag auf den Mandeln. Hierbei besteht Diphterieverdacht; sofort zum Arzt!

Heftpflaster ablösen
Heftpflaster läßt sich gut mit Wundbenzin ablösen; die Körperhaare werden nicht abgerissen, und das Ablösen geschieht ohne Schmerzen. Kleberückstände werden ebenfalls mit Wundbenzin entfernt. – Noch ein kleiner Tip: nichtklebendes Heftpflaster betupft man mit ganz wenig Alkohol oder Wundbenzin – es klebt dann wieder.

Heidelbeeren wirken stopfend
Wußten Sie eigentlich, daß getrocknete Heidelbeeren wegen ihres Gerbstoffgehaltes sehr stopfend wirken?

Heilbäder, Kräuterextrakte für
Badezusätze können Sie heute überall kaufen. Wenn Sie aber wollen, können Sie Kräuterextrakte für ein Heilbad selber zubereiten: Für ein Vollbad verwendet man den durchgesiebten Aufguß von ca. 250 g Kräutern. Gegen Rheuma helfen Heublumen und Farn-

krautwurzeln, Kamille ist krampflösend, Fichtennadeln fördern den Stoffwechsel, Lavendel wirkt beruhigend, Rosmarin anregend, und bei unreiner und
empfindlicher Haut ist ein Weizenkleiebad zu empfehlen.

Heilkräuter, aus dem Anwendungsgebiet der
Heilkräuter wirken auf natürliche Weise gegen allerlei
Beschwerden. Wenn man nicht gleich zu Tabletten
oder Medizin greifen will, kann man in Apotheken,
Drogerien oder Reformhäusern käuflich Heilkräuter
erstehen. So ist z. B. Melisse nervenberuhigend und
krampfstillend, Anis lösend und beruhigend, Kamille
schmerz- und krampfstillend, Mistel blutdruckregelnd
und Schafgarbe verdauungs- und nervenstärkend. Aus
Lindenblüten bereitet man einen Tee gegen Grippe
und Erkältungen, aus Senneschoten einen Entfet-
tungs- und Abführtee. Salbei ist als Hals- und Gurgel-
mittel bekannt.

Herzleiden, Sellerie gegen
Sellerie hilft gegen Nervosität und gegen nervöse
Herzleiden; roh gerieben bleiben die Mineralsalze und
die vielen Vitamine am besten erhalten.

Husten, Kartoffelkochwasser gegen trockenen
Bei trockenem Husten hilft ungesalzenes Kartoffelkochwasser, das mit Honig gesüßt und warm getrunken wird.

Insektenstiche, Hausmittel

Insektenstiche sind recht schmerzhaft und jucken recht stark; trotzdem sollte man niemals kratzen. Außer käuflichen Salben hilft Einreiben mit Zitronensaft, Zwiebelsaft, Salmiakgeist oder mit einem Jodstift. Den Insektenstachel entfernen, und mit dem Mund die Giftstoffe heraussaugen. Schwellungen behandelt man mit Umschlägen, getränkt in essigsaurer Tonerde.

Kalk in Nahrungsmitteln

Zu wenig Kalk führt zu Konzentrationsschwächen, Ermüdungserscheinungen und kann bei Kindern zu körperlichen Wachstumsstörungen führen. Im allgemeinen braucht der Körper täglich 1,5 bis 2 g Kalk, den man auch ohne Tabletten durch eine richtige Auswahl der Speisen zu sich nehmen kann. Z. B. enthalten schon 100 g Käse oder 1 Liter Milch die tägliche Kalkration. Unbekannt ist weitläufig, daß Spinat oder Rhabarber dem Körper Kalkvorräte entziehen.

Kopfschmerzen, Bohnenkaffe wirkt gegen

Ein altes Hausmittel: Kopfschmerzen verschwinden häufig schon nach einer Tasse starken und gesüßten Bohnenkaffee. Damit er noch wirkungsvoller ist, gibt man nach Belieben einige Tropfen oder Teelöffel Zitronensaft hinzu.

Magensäure, Natron hilft bei zu viel

Natron ist als Heilmittel bei Appetitlosigkeit und bei zu viel Magensäure sowie bei Sodbrennen wirksam.

Magenstärkungsmittel, Ingwer ist ein
Ingwer ist ein altbewährtes Magenstärkungsmittel und
wird überzuckert eingenommen; in getrocknetem Zustand ist der brennende Geschmack stärker, wirkt aber
genauso wie überzuckerter, frischer Ingwer.

Medikamente einnehmen
Schlecht schmeckende Medizin nimmt man ohne etwas
zu merken mit fest zugedrückter Nase ein. Tabletten
und Pillen schluckt man mühelos – man legt sie hinter
die Vorderzähne, überdeckt sie mit der Zungenspitze
und trinkt ein Glas Wasser als ob die Tablette nicht
vorhanden wäre. Beim Trinken entsteht ein Wirbel
unter der Zungenspitze, der die Tablette mit-
schwemmt.

Medizin, Milch als
Milch ist weitläufig als Magenentgiftungsmittel bekannt. Außerdem aber hilft Milch auch bei Husten,
Blähungen und bei Fieber. Bei Husten trinkt man
heiße Milch mit Honig, bei Blähungen kocht man einen
guten Eßlöffel voll Kümmel in $1/2$ Liter Milch auf, und
bei Fieber bereitet man folgendes Hausmittel: $1/4$ Liter
Milch, $1/4$ Liter Wasser, $1/8$ Liter Weißwein, $1/4$ Pfd.
Zucker und 6 Eßlöffel Zitronensaft – kurz zusammen
aufkochen lassen.

Mundverbrühung, Butterlecken hilft bei
Wenn Sie sich durch zu heißen Kaffee, zu heiße Suppen
oder kochende Speisen den Mund verbrüht haben,

wirkt Butterlecken oder langsames Trinken von viel süßer Sahne schmerzlindernd.

Nervosität und Schlaflosigkeit
Baldrian ist auch heute noch eines der natürlichsten und unschädlichsten Schlafmittel und ist auch als Nervenberuhigungsmittel bewährt. Baldrian in Dragees ist völlig geschmacklos und selbst bei längerem Gebrauch noch wirksam.

Obstmost als Medizin und Heilmittel
Wußten Sie, daß Brombeer-Süßmost viel Magnesium und Kalzium enthält und bei Heiserkeit und Katarrhe zu empfehlen ist? Johannisbeer-Süßmost wirkt gegen Rheuma, ist gut bei Leber- und Nierenleiden und ist harntreibend. Erdbeer-Süßmost und Sauerkirsch-Süßmost wirkt blutbildend, und Trauben- oder Apfel-Süßmost hilft gegen Darmträgheit und bei fieberhaften Erkrankungen.

Quecke als Heilmittel
Quecke ist schweiß- und harntreibend, hilft bei Gicht, Magen- und Darmkatarrh sowie bei Rheuma. Man bereitet einen Tee – und zwar setzt man 1 Teelöffel der Queckenwurzel mit einer Tasse kaltem Wasser an und läßt den aufgekochten Tee ca. 5 Minuten lang ziehen. Der Tee wird alle Stunde schluckweise getrunken.

Rachenmandeln, geschwollene
Entweder gurgelt man mit Salbeiblättertee (1 Teelöf-

fel auf $^1/_4$ Liter Wasser) oder mit Kamillentee, gesüßt mit etwas Honig. Man kann aber auch heiße Ölumschläge um den Hals wickeln.

Rheumatismus, Farnkraut bei
Heute gibt es schon ein fertig käufliches Farnkrautwurzel-Extrakt; früher legte man alle 2 Wochen frisches Farnkraut in ein feuchtes Tuch, flach eingeschlagen, unter die Bettdecke und schlief darauf. Farnkraut ist als Heilmittel gegen Rheumatismus bekannt. Ausgekochte Farnkrautwurzeln bringen als Badezusatz Linderung.

Sauerkraut als Heilmittel
Sauerkraut, roh oder gekocht, wirkt wegen seines besonders hohen Vitamingehaltes verdauungsfördernd und wegen seiner natürlichen Milchsäure blutbildend. Bei Kindern hilft rohes Sauerkraut vorzüglich gegen Würmer; man ißt es auf nüchternen Magen und ohne andere Nahrung.

Schafgarbe wirkt blutreinigend
Schafgarbe wirkt wegen seiner ästhetischer Öle und Bitterstoffe krampflindernd und magenanregend und ist auch als Blutreinigungsmittel bekannt.

Schnupfen- und Katarrhmittel, Zwiebelsaft als
Eine Zwiebel zerteilt man in 4 Teile und dämpft sie mit etwas Kandiszucker. Von diesem Extrakt nimmt man alle 2–3 Stunden einen Löffel voll ein; dieses

Hausmittel wirkt bei Schnupfen und bei Katarrh. – Übrigens läßt sich der Saft in einer fest verschließbaren Flasche aufbewahren und auf Vorrat zubereiten.

Sodbrennen
Bei Sodbrennen hilft rohes Sauerkraut, Salzwasser, Natron oder mehrmals einige Schlucke Milch. Man sollte sich beim Essen etwas vorsehen: nicht zu fettige Speisen, keine scharf gewürzten, sehr kalte oder sehr heiße Speisen.

Umschläge mit Salzlösung
Gegen Bronchialkatarrh helfen Umschläge mit Salzlösung.

Verbrennungen, leichte
Bei schwereren Verbrennungen muß sofort ein Arzt gerufen werden. Bei leichten Verbrennungen hilft eine Brandsalbe aus der Apotheke, die Sie immer im Haus haben sollten. Im Notfall wirkt kaltes Wasser schmerzlindernd. Auf keinen Fall dürfen Sie zu Mehl, Butter, Öl oder anderen Fetten greifen, die irrtümlich leider immer noch als Hausmittel gelten.

Verdauung, Rohkost fördert die
Haben Sie Schwierigkeiten mit Ihrer Verdauung? Sie sollten vor jeder Mahlzeit Rohkostsalate, wie z. B. geschälte Mohrrüben, zubereiteten Weißkohl, Kohlrabi, Äpfel essen; Rohkostsalate fördern die Magensaftbildung und somit die Verdauung.

Verschluckte Gräten

Eine verschluckte Fischgräte ist unangenehm und nicht
ohne weiteres aus dem Hals zu bekommen. Durch
Säure wird die Gräte weich und läßt sich dann durch
Essen von trockenem Brot oder Kartoffeln herunter-
schlucken. Man saugt langsam eine Zitrone aus oder
trinkt verdünnten Essig mit dem Strohhalm in kleinen
Schlucken.

Wunden, Eiweiß schließt kleine

Kleine Schnittwunden bestreicht man mit Eiweiß, oder
man legt das feine weiße Häutchen, das an der Schale
klebt, mit der Eiweißseite auf die Wunde. Es wirkt
schützend.

Wunden, schlecht heilende

Schlecht heilende Wunden reibt man mit Lebertran-
salbe ein, oder, wenn man diese nicht zur Hand hat,
hilft auch Aufstreuen von Traubenzucker.

Zwiebeln als Heilmittel

Zwiebeln sind verdauungsfördernd und ein gutes Mittel bei Husten, Brustleiden und bei Darmgärungen.
Bienen- und Wespenstiche werden mit Zwiebelsaft
oder mit frisch aufgeschnittenen Zwiebelscheiben behandelt. Die betreffende Stelle wird entweder eingerieben oder mit Zwiebelscheiben belegt.

BLUMEN UND PFLANZEN

Alpenveilchen
Alpenveilchen fühlen sich an einem kühlen Platz besonders wohl. Wußten Sie, daß die Blumen wesentlich besser Wasser aufnehmen, wenn man die Stiele ca. 4 cm mit einem Messer spaltet oder sie mit Nadelstichen durchlöchert?

Aralien
Aralien sind genügsame Zimmerpflanzen, die selbst an schattiger Stelle wachsen. Im Sommer brauchen sie viel Wasser.

Begonien
Begonien dürfen nicht zu häufig gegossen werden; außerdem sollen sie vor Zugluft und Sonne geschützt werden. Das Umtopfen der Pflanze muß im Frühjahr erfolgen.

Blattläuse vertreiben
Blattläuse vertreibt man am besten, indem man wiederholt die Pflanzenerde mit Zigaretten- oder Zigarrenasche bestreut.

Blattpflanzen »abduschen«

Blattpflanzen sollten öfters abgesprüht werden. Damit
die Topferde dabei nicht zu naß wird, schneidet man
aus Alufolie oder aus einer Plastiktüte kreisrunde
Scheiben aus, die man bis zur Hälfte mit einem Ein-
schnitt versieht und dann als Schutz über die Blumen-
erde legt. Nun kann man die Blätter gründlich abspü-
len, ohne daß die Pflanzenerde tropfnaß wird.

Blattpflanzen richtig gießen

Bei Blattpflanzen und blühenden Gewächsen stets von
oben in den Topf gießen; Wasser, das nach einer halben Stunde noch nicht aufgesaugt ist, sollte man weg-
schütten.

Blumen, gelbe

Ist es Ihnen schon einmal aufgefallen, daß sich gelbe
Schnittblumen in der Vase länger halten als anders-
farbige?

Blumen an Zimmerwänden gießen

Blumentöpfe an Zimmerwänden lassen sich nur schwer
gießen, ohne daß die Wand naß wird. Probieren Sie
doch einmal folgenden Kniff: Klemmen Sie eine gefal-
tete Zeitung zwischen Wand und Blumentopf und lassen Sie die Zeitung solange dort, bis das überschüssige
Wasser völlig davon aufgesaugt ist.

Blumen, kalkfreies Wasser für

Abgekochtes Wasser, ob vom Eierkochen oder ein

Rest Kaffeewasser, empfiehlt sich zu sammeln; Sie haben dann stets für Ihre Pflanzen kalkfreies Wasser.

Blumen konservieren
Herbstliches Laub, Blumen und Gräser lassen sich über den Winter konservieren und halten sich darüber hinaus auch noch lange Zeit frisch, wenn man sie mit Haarspray einnebelt.

Blumenpflege, Nagellack zur
Blumen, deren Blütenblätter auseinanderfallen, können sich noch einige Tage länger halten, wenn man die Blütenblätter mit einem Tupfer farblosen Nagellack wieder zusammenfügt.

Blumenstiele, geknickte
Blumen, deren Stengel einen kleinen Knick bekommen haben, welken nicht so rasch, wenn man die geknickten Stellen mit durchsichtigem Klebeband umwickelt. Die Blumen werden gestützt und halten sich dadurch viel länger.

Blumentöpfe während des Urlaubs feucht halten
Sollte niemand Ihre Blumen während des Urlaubs versorgen, dann können Sie sich mit folgendem Tip selber helfen: Füllen Sie in eine Schüssel soviel Wasser ein, wie die Pflanzen für 2–3 Wochen benötigen. (Die Verdunstungsmenge von ca. 3 Liter Wasser zurechnen.) Die Wasserschale erhöht neben die Blumen stellen. Die Blumentöpfe werden nun mit einem dicken

geflochtenen Wollfaden mit der Schale verbunden. Das eine Ende wird in der Wasserschale mit einem Stein beschwert und das andere Ende jeweils in den Blumentöpfen vergraben. Die Pflanzen versorgen sich auf diese Weise für lange Zeit selbst, und sie erhalten immer soviel Wasser, wie sie täglich benötigen.

Blumenvasen abdichten
Blumenvasen, die durch einen Sprung leck geworden sind, können mit farblosem Nagellack wieder brauchbar gemacht werden.

»Bluten« verhindern
Verschiedene Schnittblumen (z. B. Mohn, Amaryllis, Narzissen, Clivien) sondern an den Stielen einen klebrigen und milchigen Saft ab. Um das »Bluten« zu verhindern, taucht man sie, bevor man sie in die Vase stellt, in heißes Wasser.

Bodenvasen leicht dekorieren
Bodenvasen hübsch zu füllen, ist oft schwierig, da die Blumen und Zweige meistens nicht lang genug sind und an den glatten Wänden keinen Halt finden. Wenn Sie an den inneren Rand Ihrer Bodenvase einen Streifen Schaumstoff kleben, bekommen die Blumen und Zweige einen besseren Halt und lassen sich gut arrangieren.

Christbäume
Christbäume nadeln nicht so schnell, wenn man den

Stamm schräg absägt und man den Baum zwei Tage
vor Weihnachten in eine Mischung von zwei Drittel
Wasser und einem Drittel Glyzerin stellt.

Chrysanthemen
Chrysanthemen gehören mit zu den schönsten Blumen, doch die üppige Blumenpracht braucht häufigen
Wasserwechsel, damit sie lange hält. Die Stiele sollte
man schräg abschneiden und mehrmals einkerben.
Manche Hobbygärtner brennen die Stielenden der
Chrysanthemen kurz mit einer Flamme an, bis sie
leicht schwarz werden; sie sollen dann ebenfalls länger
halten.

Düngemittel, Brennspiritus als
Zimmerpflanzen wachsen schneller und werden kräf-
tiger, wenn man dem Gießwasser einige Tropfen
Brennspiritus untermischt.

Düngemittel selbst herstellen
Frische Eierschalen (nicht von eingelegten Eiern) er-
geben ein vorzügliches Düngemittel, wenn man sie 2–3
Wochen lang in Wasser legt. Mit dieser Flüssigkeit
werden die Pflanzen dann gegossen.

Engerlinge vernichten
Wenn Ihre Gartenbeete mit Engerlingen befallen sind,
werden Sie sich für diesen Tip interessieren: Engerlinge lassen sich leicht vernichten, wenn man im Herbst
oder Winter mit Kalk düngt.

Erdflöhe vertreiben

Erdflöhe verlassen fluchtartig die Pflanzenerde, wenn Sie ein Streichholz mit dem Kopf nach unten in die Erde stecken.

Farnkraut

Wußten Sie, daß das so empfindliche Farnkraut auch im Zimmer gut gedeiht und wächst, wenn man es wöchentlich ein oder zweimal mit wasserverdünnter Milch gießt?

Flieder

Bevor man Flieder in die Vase stellt, sollten zuerst die Stielenden faserig geklopft werden, denn nur so kann der Flieder Wasser aufnehmen. Will man sich viel Mühe machen, kann man ihn noch einige Male durchs Wasser ziehen. – Nur aufgeblühten Flieder kaufen, da er sich in der Vase nicht öffnet.

Gartenschirme, undichte

Undichte Gartenschirme werden von innen mit Wasserglas bestrichen und sind dann wieder verwendungsfähig.

Gartenwege, vermooste

Moos vertilgen Sie schnell, wenn Sie 1 kg Eisenvitriol in 20 Liter Wasser auflösen und damit die Wege gründlich besprengen. Gießen Sie bei trockenem Wetter, und achten Sie darauf, daß alles gleichmäßig befeuchtet wird.

Geranien
Geranien sind dankbare Zimmerpflanzen und bedür-
fen keiner aufwendigen Pflege. Sie halten sich gut,
wenn sie in einem kühlen Zimmer stehen und viel
Licht, Sonne und Dünger bekommen.

Gießkannen, undichte
Blechgießkannen rosten manchmal durch und werden
undicht. Ehe Sie sie jedoch wegwerfen, versuchen Sie
doch, die kleinen Löcher von innen mit Siegellack ab-
zudichten.

Gießkanne, Wäschesprenger als
Wenn Sie Blumentöpfe oder Pflanzenschalen gießen,
empfiehlt es sich, einen Wäschesprenger zu benutzen.
Durch die feinen Strahlen wird die Feuchtigkeit von
der Erde gleichmäßig aufgenommen, und es kommt
nicht zum Verschlämmen.

Glasvasen, häßlicher Rand an
Glasvasen bekommen vom Blumenwasser oft einen
häßlichen Rand. Wenn Sie die Vase mit warmem
Wasser und etwas Waschpulver füllen und einige Zeit
stehen lassen, können Sie diesen Rand mühelos entfernen.

Grassamen vor Vögeln schützen
Grassamen ist beliebtes Futter für Vögel, und es ist
gar nicht leicht, ihn vor den hungrigen Vogelscharen
zu schützen. Probieren Sie doch einmal folgende An-

regung: Wälzen Sie den Samen vor der Aussaat in Petroleum, Sie haben dann keine ungebetenen Gäste mehr.

Grüne Zweige im Winter

Ist es nicht ein erfreulicher Anblick, frisches Grün in der kalten Jahreszeit im Zimmer zu haben? Damit aber die Knospenhüllen der Zweige in den Bodenvasen weich werden und die Blüten zum Durchbruch kommen, müssen die Zweige regelmäßig mit lauwarmem Wasser überspült werden.

Kakteen

Kakteen brauchen viel Licht und Sonne. Im Frühjahr und Sommer sollen sie gut gegossen werden; die beste Temperatur für Kakteen ist etwa $10°$ C.

Keramikvasen, undichte

Undichte Keramikvasen werden wasserdicht und bleiben verwendbar, wenn man sie mit Bohnerwachs einreibt.

Kristallvasen reinigen

Enge Kristallvasen lassen sich nur schlecht reinigen; füllen Sie die Vasen halb mit Wasser, und geben Sie kleingeschnittene Apfelsinenschalen hinein. Durch kräftiges Schütteln wird das Glas wieder schön klar.

Krokusse selber ziehen

Krokusse lassen sich auch in der Wohnung selber

ziehen; man hält sie ziemlich trocken und stellt sie auf die Fensterbank in die Sonne.

Lauberde für Blumen

Lauberde ist ein vorzüglicher Düngetorf für Blumen. Achten Sie jedoch darauf, daß keine Eichenblätter darin enthalten sind, da sich die Blumen sonst nicht entwickeln.

Lilien

Lilien sind ein prächtiger Zimmerschmuck, doch meistens verfärbt der Pollenstaub schon nach kurzer Zeit die weißen Blütenblätter. Wenn man mit Haarspray vorsichtig die Staubbeutel einnebelt, fällt kein farbiger Blütenstaub mehr auf die leuchtend weißen Blätter. Übrigens verhindert man auf diese Weise außerdem noch, daß die Samenstände des Rohrkolbens frühzeitig auseinanderfallen.

Nelken

Nelken dürfen nicht mit Wasser besprüht werden. In einem kühlen Zimmer halten sie sich mehrere Wochen lang.

Orchideen

Orchideen als Schnittblumen sollten nie in kaltes Wasser gestellt werden; sie halten sich in lauwarmem Wasser viel länger.

Rosen halten länger

Rosen halten sich in der Vase lange Zeit frisch und welken nicht, wenn man sie nach einem Tag aus dem Wasser nimmt, die Stielenden neu anschneidet und die Schnittflächen mit heißem Siegellack schließt. Die Rosen werden dann jeden Tag mit Wasser benebelt. – Allgemein: Rosen halten sich am besten in einer Vase, wenn sie nicht zu eng stehen und wenn die Stiele zu $^2/_3$ im Wasser stehen. Lassen sie einmal die Köpfe hängen, taucht man sie kurz in sehr heißes Wasser und stellt sie dann anschließend in kaltes Wasser zurück; Sie werden sehen, daß die Rosen ihre Köpfe schnell wieder heben.

Schnittblumen

Schnittblumen halten sich länger, wenn sie folgendes beachten: Das Wasser täglich erneuern, die Stiele schräg abschneiden und die Blumen nicht gebunden in eine Vase stellen; krasse Temperaturunterschiede vermeiden. Geben Sie dem Wasser ein wenig Kochsalz zu, es wird dadurch nahrhafter. Im Sommer sollten Schnittblumen täglich besprengt werden. Alle Blättchen und Nebentriebe müssen von den Stielen entfernt werden, damit das Wasser nicht faulig und schleimig wird.

Schnittblumen benebeln

Viele Schnittblumen halten sich besonders lange, wenn man sie von Zeit zu Zeit mit Wasser benebelt. Ausnahmen machen nur Primeln, Freesien, Alpenveilchen,

Wicken, Nelken und Chrysanthemen; diese Schnittblumen dürfen nicht mit Wasser besprüht werden.

Schnittblumen halten länger
Schnittblumen halten erheblich länger, wenn man ein
Stück Würfelzucker im Wasser auflöst.

Schnittblumen vertragen sich nicht alle
Nicht alle Schnittblumen vertragen sich untereinander
in der Vase. Verschiedene Blumen sondern einen gif-
tigen Stoff ab, der die anderen zum vorzeitigen Welken bringt. Z. B. vertragen sich nicht: Lilien und
Mohnblumen, Narzissen und Vergißmeinnicht sowie
Rosen mit anderen Blumen.

Schnittblumen, verwelkte
Verwelkte Schnittblumen erholen sich für kurze Zeit
wieder, wenn man 1 Tablette Aspirin ins Wasser gibt.

Stecklinge
Stecklinge sollten am besten in sandige, gleichmäßig
feuchte Erde eingepflanzt werden. Am Rand der
Töpfe schlagen sie am schnellsten Wurzeln. Sie müssen vor Zug geschützt und öfters überbraust werden.

Tannennadel-Duft im Zimmer
Zur Weihnachtszeit gibt Tannennadel-Duft dem Zimmer eine besondere Note. Man füllt in den Wasser-
verdunster an den Heizkörpern Tannennadeln und
Wasser zu gleichen Teilen ein.

Tannenzapfen, glitzernde Kristalle an
Besonderen und originellen Christbaumschmuck kann
man leicht selber machen. Man reinigt Tannenzapfen,
kocht sie ca. 15 Minuten in starker Alaunlösung und
läßt sie darin 24 Stunden liegen. Nimmt man sie dann
heraus, haben sich an den Tannenzapfen glitzernde
Kristalle gebildet.

Tannenzweige
Tannenzweige halten sich länger frisch, wenn die
Schnittflächen mit Siegellack luftdicht abgeschlossen
werden, nachdem sich die Tannenzweige vorher mit
Wasser vollgesaugt haben.

Tonvasen
Tonvasen sollten niemals ohne Untersetzer benutzt
werden, da sie immer etwas Feuchtigkeit durchlassen.

Tropenpflanzen, feuchte Luft für
Haben Sie sich vergebens bemüht, prachtvolle Tropenpflanzen in einem normalen Zimmer zu halten?
Meistens wachsen und gedeihen sie nicht, da die Luft
zu trocken ist. Setzen Sie die Pflanze (im Blumentopf)
in eine flache Schüssel auf einen genügend hohen Un-
tersatz, und füllen Sie Wasser bis zum Blumentopf-
boden ein. Das Wasser verdunstet mit der Zeit und
hält die Luft um die Pflanze herum tropenhaft feucht.
(Wasser regelmäßig nachgießen.)

Tulpen

Langstielige Tulpen erschlaffen in der Blumenvase recht schnell und lassen ihre Köpfe hängen. Man wickelt die Blumen abends in Zeitungspapier und stellt sie an einer kühlen Stelle ins Wasser. Wickelt man sie am nächsten Morgen aus dem Papier, haben sie sich wieder erholt.

Unkraut-Vernichtungsmittel

Man kann aus 100 g Alaun und 100 g Eisenvitriol, aufgelöst in einem Liter heißem Wasser, selbst ein Konzentrat zur Unkrautvernichtung herstellen. Das Konzentrat wird bei Gebrauch 1 : 4 mit Wasser verdünnt.

Vasen, kupferne

Blumen fühlen sich besonders wohl in kupfernen Vasen. Der Fäulnisprozeß der Blumen wird verlangsamt, weil das Wasser vom Kupfer kleine Teilchen aufnimmt, die bakterienzerstörend wirken.

Vasen, standhafte

Hohe Vasen kippen nicht mehr so leicht um, wenn man sie mit Sand oder ein paar Kieselsteinen füllt. Probieren Sie es doch einmal aus; in durchsichtigen Glasvasen sehen Kieselsteine besonders dekorativ aus und sorgen für Standsicherheit.

Väschen, Reinigen von kleinen

Kleine Vasen lassen sich nur schwer säubern, weil man mit einem Flaschenreiniger nicht hineinkommt.

Wenn man in die Väschen etwas Seifenwasser und eine knappe Handvoll Reis hineingibt und dieses einige Male kräftig schüttelt, werden die Väschen sauber.

Würmer im Blumentopf

Es ist gar nicht so leicht, Würmer im Blumentopf zu entfernen, ohne die Pflanze zu beschädigen. Ein bewährtes Hausmittel: Gießen Sie die Blume mit dem Absud von Roßkastanien- oder Nußbaumblättern. Wenn die Blumentopferde damit getränkt ist, kommen die Schädlinge heraus und können leicht entfernt werden.

Ziergräser konservieren

Getrocknete Ziergräser halten sich jahrelang, wenn man sie mit Spirituslack überpinselt.

Zimmerpflanzen an frostigen Fenstern

Während des Winters sollten Sie unbedingt darauf achten, daß Ihre Zimmerpflanzen nicht mit der Scheibe in Berührung kommen. Die Blumen können eingehen, da die Scheiben die Kälte unvermindert weiterleiten.

Zimmerpflanzen gießen

Zimmerpflanzen dürfen nicht so stark gegossen werden, daß das Wasser in den Untersätzen stehenbleibt.

Zimmerpflanzen, krankaussehende

Wenn Zimmerpflanzen Blätter verlieren und immer

dürrer werden, liegt die Ursache meist an angefaulten Wurzeln. Man schneidet die kranken Wurzeln aus, stutzt die Pflanze ungefähr im gleichen Verhältnis und topft sie in sandige Erde wieder ein.

Zimmerpflanzen vor Zugluft schützen
Alle tropischen Gewächse und alle blühenden Pflanzen vertragen keine Zugluft. Als Hobbygärtner sollte man immer darauf achten.

Zimmerpflanzen umtopfen
Will man Zimmerpflanzen umtopfen, so stellt man vorher die hierfür vorgesehenen leeren Blumentöpfe einen Tag ins Wasser, damit sich die Tonmasse vollsaugen kann und nicht nachher den Pflanzen das Wasser entzieht.

KLEINTIERE UND UNGEZIEFER

Ameisen im Garten vernichten

Ameisen sind recht nützliche Tiere. Sollten Sie sich jedoch z. B. auf der Terrasse einmal nicht vor Ameisen retten können, kann man sie mit Schwefelpulver, Chlorkalk oder einfach mit kochendem Wasser vernichten.

Ameisen in der Wohnung

Ameisen können sehr lästig sein, ganz besonders in der Wohnung. Will man sich vor ihnen schützen, hilft folgendes Hausmittel: Man mischt 2 Teile Honig mit einem Teil Hefe und stellt diesen Brei gut erreichbar für die Tiere offen ins Zimmer. Die Ameisen fressen davon, füttern ihre Brut damit und gehen durch die Hefe zugrunde.

Aquariumwasser, Kalkbildung im

Das Ansteigen des Kalkgehaltes im Aquariumwasser wird durch Urgestein weitgehend verhindert. Granit, Basalt, Quarz, Gneis und Schiefer zählen zum Urgestein und geben außerdem Ihrem Becken eine besondere Note.

Aquariumfische, Regenwasser für

Wenn das Aquarium gesäubert, frisch bepflanzt und
mit Fischen versehen wird, ist es nicht empfehlens-
wert, das Becken mit »hartem« Leitungswasser zu füllen. Wenn Sie rechtzeitig Regenwasser sammeln, werden sich Ihre Fische darin viel wohler fühlen.

Aquarien reinigen

Unansehnlich und trübe gewordene Scheiben in Aquarien lassen sich mit unverdünntem Essig und etwas
Salz wieder gut reinigen.

Bienen stechen nicht

Bienen und Wespen stechen im allgemeinen nicht,
wenn sie sich nicht bedroht fühlen. Schlagen Sie nicht
nach den Tieren, sie fliegen auch von alleine wieder
weg.

Fischfutter

Mit geriebenem, trockenem Quark kann man wunderbar junge Fische füttern.

Fliegen vertreiben

Ist es Ihnen schon einmal aufgefallen, daß sich Fliegen
in Räumen mit blauen Wänden nicht aufhalten? Vielleicht sollten Sie Ihre Speisekammer beim nächsten
Renovieren so streichen.

Futternapf, Wasserröhrchen als

Wenn Sie einen Wellensittich haben, werden Sie sich

sicherlich für diesen Tip interessieren. Sie ersparen sich das lästige Auspusten der Spreu, wenn Sie das Vogelfutter nicht in einen kleinen Napf, sondern in ein Wasserröhrchen geben, das man in jeder Vogelhandlung kaufen kann. Der Wellensittich pickt dann jedes Körnchen einzeln heraus, und die Spreu fällt daneben.

Goldfische

Wenn Sie zu Hause Goldfische züchten, füttern Sie Ihre Fische doch einmal mit Ameisenpuppen; es gibt wohl kaum einen größeren Leckerbissen für Ihre Goldfische. Sie wissen sicherlich, daß man pro Zierfisch mindestens 2 Liter Wasser rechnet. Das Aquarium sollte niemals in der prallen Sonne stehen. Wird das Becken einmal gereinigt, so sollte der Fisch mit dem Kescher und nicht mit der Hand eingefangen werden.

Goldfische im Winter

Goldfische können auch im Winter im Teich bleiben, wenn an der tiefsten Stelle des Teiches eine Strohgarbe für Luftzufuhr sorgt.

Haustiere sind Krankheitsüberträger

Haustiere brauchen selbst nicht krank zu sein, um Krankheiten zu übertragen; es genügt schon, daß z. B. ein Hund beim Herumschnuppern Krankheitskeime aufnimmt. Man sollte sich deshalb von Hunden nicht belecken lassen und sich die Hände waschen, wenn man Tiere gestreichelt oder angefaßt hat. Erklären Sie das Ihren Kindern, damit sie die Gefahr erkennen.

Haustiere, Schmarotzerbefall

Hunde, Katzen und andere Haustiere, die viel im Freien herumlaufen, sollten durch Insekten-Puder vor Schmarotzerbefall geschützt werden. Das Insekten-Puder ist für die Tiere nicht schädlich, tötet aber sämtliche Insekten; es wird einfach auf das Fell gestreut und eingerieben.

Holzbock bekämpfen

Zecken (oder auch Holzbock genannt) sind blutsaugende Schmarotzer, die sich bei Hunden, Pferden oder sogar bei Menschen tief in die Haut einbeißen. Damit der Kopf beim Entfernen des Schädlings nicht abreißt und eine böse Geschwulst verursacht, müssen die Zecken (Holzbock) vor der Entfernung durch Bestreichen mit Benzin, Äther oder Öl getötet werden.

Hunde von Hauswänden fernhalten

Haben die Hunde Ihrer Nachbarschaft gerade Ihre Hauswand, Ihren Baum oder Ihren Zaun als beliebte »Toilette« erklärt, können Sie sie mit folgendem Mittel fernhalten: besprengen Sie die betreffenden Stellen mit Karbollösung oder mit Lysollösung.

Hunde, Petersiliensträußchen für

Sie brauchen keine Vitaminpräparate für Ihren Hund mehr zu kaufen, wenn Sie die Stiele von Petersiliensträußchen klein hacken und unter das Futter des Hundes mischen.

Hunden, Würmer bei
Wußten Sie, daß man als Gegenmittel und zur Vorbeugung gegen Würmer regelmäßig rohe und geschabte Möhren geben sollte?

Hundefreßnapf, feststehender
Der Freßnapf Ihres Vierbeiners steht fest, wenn Sie unter den Napf einen Gummiring kleben. Pluto oder Lumpie haben dann einen feststehenden Freßnapf, der nicht mehr auf dem Fußboden herumrutscht.

Hundemedizin einflößen
Sind Hunde krank, hat man meist Schwierigkeiten, ihnen flüssige Medizin einzuflößen. Probieren Sie es, indem Sie bei hochgehaltener, geschlossener Schnauze die Medizin seitlich durch die Lefze ins Maul schütten – aber nicht in den Rachen, dann kann das Tier ersticken!

Hundepfoten heilen schneller
Entzündete oder wunde Hundepfoten werden mit folgendem alten Hausmittel behandelt: Man bereitet ein Gemisch aus Essig, Salz und Kienruß und stellt die Pfote da hinein. Dieses Bad nimmt Hitze und Entzündung weg, so daß die Pfote bald wieder heilt.

Igel im Garten
Sie sollten froh sein, wenn Sie einen Igel im Garten haben. Unermüdlich ist er auf der Suche nach Schnekken, Drahtwürmern und anderem Ungeziefer. Mit

einem kleinen Teller Milch machen Sie dem stachligen Gesellen große Freude.

Käfigvögel im »Freien«

In den Sommermonaten sind unsere Käfigvögel gerne außerhalb der Wohnung an einem wind- und zuggeschützten Platz. Bei Nacht sollte man den Käfig auch draußen abdecken, damit der Vogel ungestört Schlaf findet.

Kanarienvögel, Belohnung für

Apfel-, Birnenstückchen, hartgekochtes Hühnerei und Maismehlbiskuits sind für Kanarienvögel eine gute Ergänzung zum alltäglichen Futter. Im Sommer werden Kanarienvögel mit zerquetschtem Hanfsamen, Spitzsalat und Sommerrüben gefüttert, im Winter erhält der kleine Sänger käufliche Futtermischung.

Katzen, Haarfestigungsmittel für

Starkes Haaren bei Katzen ist meist eine Alterserscheinung. Versuchen Sie es doch einmal mit diesem bewährten Mittel: Nehmen Sie drei Tage lang ca. 7 g Hefe in die Milch und geben Sie dieses der Katze zum Trinken. Es wirkt festigend auf den Haarwuchs.

Kröten im Garten

Neben vielen kleinen Gartentieren ist auch die Kröte ein kleiner Polizist, der Ihre Beete von lästigem Ungeziefer freihält. An einem feuchten schattigen Platz, nahe einer Wasserstelle fühlen sie sich am wohlsten.

Maulwurf, Petroleum gegen

Ärgern Sie sich über einen Maulwurf in Ihrem Garten?
Dann tränken Sie einen Lappen mit Petroleum, stecken
diesen in den Maulwurfsgang und verschließen diesen
mit Erde.

Papagei, Abwechslung für Ihren

Für ein bißchen Abwechslung beim Füttern ist auch
Ihr Papagei dankbar. Sie können Obst, Salate, Hanf-
körner, Sonnenblumenkerne, Brötchen und Nüsse füttern und gelegentlich weiche Kalbsknochen zum Knab-
bern geben.

Pfoten, wunde durch Streusalz

Haben Sie schon einmal Viehsalz oder Kochsalz zum
Auftauen von Schnee und Eis gestreut und dann ver-
sehentlich in den Schnee gefaßt? Probieren Sie es einmal! – Denken Sie daran, daß Sie beim Streuen einen
schmalen Gang für Ihre Haustiere freilassen. Viehsalz
brennt nämlich und frißt an den Pfoten. (Sie werden es
an Ihren Händen selber merken.)

Ratten vertreiben

Chlorkalk mit Essig vermischt ist ein bewährtes Hausmittel, um Ratten zu vertreiben. Man stellt diese Mischung in flachen Schüsseln an die gefährdeten Stellen.

Tierhaare entfernen

Hunde- oder Katzenhaare lassen sich auch mit Hilfe
eines Staubsaugers oder einer Teppichkehrmaschine

nur schwerlich entfernen. Versuchen Sie es doch einmal mit einer Perlonbürste. Die Bürste wird durch das Reiben elektrisch (statisch) aufgeladen und zieht die Haare magnetisch an. Die Tierhaare lassen sich auch leicht mit einem Schwamm entfernen, wenn er mit Spiritus angefeuchtet wird.

Tierhaaren, Heftpflaster auf

Ist Ihr Tier mal verletzt und schützen Sie die Wunde mit einem Heftpflaster, so läßt es sich mit etwas Wundbenzin wieder leicht ablösen. Man befeuchtet das Pflaster, und es läßt sich dann ganz ohne Reißen vom Fell Ihres Vierbeiners entfernen.

Überwintern im Schlamm

Die Fische können im Schlamm Ihres Teiches unbeschadet überwintern, wenn Sie nach dem ersten starken Frost den Wasserspiegel im Teich etwa 10 cm unter der Eisdecke senken.

Vogelfutter für den Winter

Wenn Sie Talggrieben mit etwas flüssigem Talg, Hanf- und Sonnenblumenkernen bis zum Flüssigwerden erwärmen und das erwärmte Fett dann in eine kleine Form (z. B. eine halbe Kokosnuß) gießen und erstarren lassen, erhalten Sie gutes Vogelfutter für den Winter. Mit einem Bindfaden durchzogen, kann man es überall aufhängen. Brotkrumen und gekochte Kartoffeln sollte man nicht zum Füttern verwenden, weil diese durch die Nässe leicht säuern.

Vögeln, Federverlust bei
Wellensittiche, Kanarienvögel oder andere Singvögel
verlieren einmal im Jahr ihre Federn; diese Mauser ist
ganz normal. Wenn die Vögel jedoch zwischenzeitlich
kahle Stellen im Gefieder bekommen, kann das verschiedene Ursachen haben. Entweder haben die Vögel
zu »scharfes Blut«, das auf unsachgemäßes Füttern zurückzuführen ist, oder sie sind von Ungeziefer befallen. Man pudert das Gefieder mit Insektenpulver ein,
oder man füttert nur Körner, Salat und Obst.

Vögel, Trinkwasser und Badebecken für
In Gärten, die von Katzen besucht werden, sollte man
darauf achten, daß die Trink- und Badebecken nicht
auf dem Boden stehen. Ein flaches Wandbecken ist ein
sicherer Platz und verhindert, daß die Katzen leicht
Beute machen.

Wespen einfangen
Wespen können im Sommer recht störend sein. Füllen
Sie ein Einmachglas oder eine weithalsige Flasche halb-
voll mit Wasser, und lösen Sie etwas Marmelade oder
Sirup darin auf.

Wühlmäuse bekämpfen
Wühlmäuse sind große Gartenschädlinge und der
Schrecken jedes Hobbygärtners. Die Mäuse graben
lange Gänge direkt unter der Oberfläche und zerstören
damit viele Beete und Kulturen. Wirksam kann man
sie durch Vergasung oder mit Ziliopaste bekämpfen.

176

REPARATUREN, BASTELN UND WERKEN

Abbeizen von Farbschichten
Abbeizpaste eignet sich vorzüglich zum Auflösen alter
Farbschichten. Man trägt die Paste auf, und nach an-
gemessener Einwirkzeit läßt sich die gelöste Farbe mit
einem Spachtel entfernen.

Abbeizmittel, Salmiakgeist als
Haben Sie nicht allzugroße Flächen abzubeizen, dann
läßt sich Salmiakgeist gut verwenden.

Anstreichen, keine verschmierten Hände mehr beim
Beim Anstreichen von Fenstern, Möbeln, Zimmerdek-
ken usw. beschmieren Sie sich nicht mehr die Hände,
wenn Sie einen Bierdeckel oder ein Stück Schaumgummi auf den Stiel spießen.

Anstrich, ungleichmäßiger
Pinsel sollten nur bis zu zwei Drittel der Borstenlänge
in die Farbe getaucht werden, damit nicht zuviel Farbe
nachläuft und der Anstrich nicht ungleichmäßig wird.
Denken Sie einmal daran; der Pinsel bleibt auch auf
diese Weise elastischer.

Bilder, schiefe
Bilderrahmen an der Wand verrutschen nicht mehr, wenn Sie kleine Schaumgummiecken an den Rahmen kleben.

Bindfaden, unzerreißbarer
Wenn Sie Bindfaden einige Zeit in Alaunlösung legen, wird er viel fester und fast unzerreißbar.

Blätter, zerknitterte
Eselsohren und zerknitterte Blätter in Büchern befeuchtet man mit einem nassen Löschblatt und bügelt sie dann trocken.

Blech sägen
Dünnes Blech läßt sich ohne Verformung nicht mit einer Blechschere schneiden. Blech läßt sich sägen – aber damit sich die Sägeblätter nicht festhaken und reißen, sollten Sie ein Sperrholzbrettchen unterlegen und mitsägen.

Blechgeräte entrosten
Wußten Sie, daß sich Blechgeräte mit Tomatensaft entrosten lassen?

Brausekopf, Kalkablagerungen im
Mit der Zeit setzt sich in der Dusche soviel Kalk ab, daß sie nur noch spärlich Wasser durchläßt und dann langsam ganz versiegt. Schrauben Sie den Brausekopf ab, und kratzen Sie die Kalkablagerungen mit einem

harten Gegenstand, vielleicht einem Nagelreiniger oder einem kleinen Schraubenzieher, weg. Legt man dann noch das Sieb einige Stunden in heißes Essigwasser, ist die Brause wieder wie neu.

Dietrich herstellen

Bei den heute gebräuchlichen Sicherheitsschlössern hilft kein Dietrich mehr; meistens müssen Sie dann den Schlüsseldienst anrufen. Vielleicht läßt sich aber eine Keller- oder Gartentür damit öffnen – probieren Sie mal Ihr Glück. Man biegt eine Stricknadel oder einen festen Draht an einem Ende zu einem Griff und am anderen Ende zu einem Haken in der ungefähren Größe des Schlüsselbartes.

Draht, geschmeidiger

Steifer Draht wird geschmeidig, wenn er über einer Flamme rotglühend erhitzt wird und dann abkühlt.

Dübeln, richtig

Dübel sollten stets im festen Mauerwerk angebracht werden und nicht in einer Fuge. Je weicher das Mauerwerk, um so länger der Dübel. Die Putzschicht darf beim Bestimmen der Dübellänge nicht mitgerechnet werden. Für Steinwände kann man Kunststoffdübel, Blechdübel oder Knetdübel verwenden. Für Sperrholzwände oder sehr dünne Zwischenwände ohne ausreichendes Futter verwendet man Spezialdübel, die sich hinter der Wand verspreizen.

Eisenschrauben vor Rost schützen

Wußten Sie, daß sich Eisenschrauben selbst nach Jahren wieder leicht herausschrauben lassen, wenn man sie vorher mit einer Mischung aus Schmieröl und Graphit bestrichen hat?

Emaillegegenstände

Küchengeräte, von denen die Emaille abgesprungen ist, lassen sich mit einer käuflichen Paste ausbessern. Bevor sie aufgetragen wird, reinigt man die Stelle gründlich mit Schleifpapier und beseitigt evtl. Rostansätze. – Bei neuen Emailletöpfen springt die Emaille nicht mehr ab, wenn Sie folgenden Kniff anwenden: Setzen Sie den neuen Topf vor dem Gebrauch in einen mit Wasser gefüllten größeren Topf, und bringen Sie das Wasser zum Kochen.

Faden, spitzer

Ohne Mühe lassen sich z. B. Perlen auf einen Faden auffädeln, wenn man das Fadenende in Nagellack taucht und trocknen läßt. Auch die Enden ausgefranster Schnürsenkel lassen sich mit Nagellack oder Leim festigen.

Fahrradspeichen gegen Rost schützen

Besonders Fahrradspeichen lassen sich schlecht putzen und sind anfällig gegen Flugrost. Mit Vaseline oder mit farblosem Lack lassen sich diese Metallteile vorzüglich gegen Rost schützen.

Farbdosen kennzeichnen

Ein recht simpler Kniff, aber doch sehr nützlich. Sie ersparen sich das unnötige und schwere Öffnen der Farbdosen, wenn Sie den Deckel mit der Farbe kennzeichnen; Sie erkennen dann gleich, welche Farbe es ist und wie sie in trockenem Zustand wirkt.

Farbe auf dem Fußboden

Feuchten Sie den Fußboden vor dem Streichen an; so lassen sich Farbspritzer auf dem Boden leicht wieder beseitigen, denn die Farbe trocknet nicht so schnell an.

Farben auffrischen

Unansehnlich gewordene Farbanstriche lassen sich wieder mit Leinölfirnis auffrischen: dünn aufstreichen.

Farben, Mischen von

Farben, die Wasser enthalten (Leim- und Binderfarben z. B.), hellen auf, wenn sie trocknen. Beim Mischen dieser Farben sollte man deshalb immer einen Probeanstrich auf einem Stück Pappe vornehmen.

Feilen reinigen

Feilen legt man in heißes Wasser und reinigt sie mit einer Feilbürste. (Niemals mit einer Stahlbürste.) Bei groben Feilen läßt sich der Staub in der Hand ausschlagen; bei feinen Feilen kann man auch einen Klebstreifen (Krepp-Papier oder Heftpflaster z. B.) aufkleben und den Staub mit dem Klebestreifen aus den Rillen ziehen.

Fenster, klemmende

Bei feuchtem Wetter können Fenster schon einmal schlecht schließen und klemmen. Es ist nicht ratsam, sie gleich abzuschmirgeln oder abzuhobeln; vielfach hilft Einreiben mit Fett oder Wachs. Müssen Fenster wirklich einmal abgehobelt werden, bestreicht man die Kanten mit Kreide und schließt dann so fest wie möglich. Die überstehenden Kanten werden dadurch markiert und lassen sich genau abhobeln.

Fensterscheiben, blinde

Wenn Fensterscheiben mit der Zeit blind werden, lassen sie sich mit einem Wolltuch und etwas Olivenöl wieder reinigen. Bevor man jedoch dann mit Wasser nachwäscht, muß das Öl mit einem Lappen oder mit Krepp-Papier entfernt werden.

Flaschen, Blumenvasen aus

Flaschen, die besonders hübsch aussehen, sollten Sie nicht gleich wegwerfen. Meistens lassen sie sich gut als Blumenvase verwenden – wenn nicht gerade ein störend enger Flaschenhals da wäre. Kein Problem, man schneidet den Flaschenhals einfach ab; dazu taucht man einen Bindfaden in Öl, wickelt ihn um den Flaschenhals und zündet ihn an. Wenn Sie dann die Flasche sofort mit kaltem Wasser abschrecken, fällt der Flaschenhals ab. (Scharfe Kanten können Sie mit Schmirgelpapier abstumpfen.)

Flaschenetikett entfernen

Wollen Sie eine schöne Flasche oder eine Dose auf-
bewahren? Das Etikett läßt sich ohne Kratzen und
Schaben gut entfernen, wenn man die Dose bzw. die
Flasche kurz über eine Flamme hält.

Flaschen fest verschließen

Wußten Sie, daß man Flaschen mit einem Korken
sehr fest verschließen kann, wenn man ihn in warmes
Öl oder kochendes Wasser legt? Die Korken werden
dadurch sehr geschmeidig und lassen sich gut in den
Flaschenhals pressen.

Flüssigholz

Schon seit einigen Jahren ist Flüssigholz auf dem
Markt bekannt. Dieses Material schrumpft nicht,
bleibt elastisch und ist außerdem noch wasserfest. Mit
diesem Flüssigholz kann man kleine Schäden auf der
Holzoberfläche ausbessern und mit verschiedenfar-
bigen Wachsstiften (die der Packung beiliegen) die
ausgebesserten Stellen der Holzfarbe anpassen.

Fotos, fleckige

Gerne erinnert man sich beim Betrachten von Bildern
an die verlebten Stunden; doch fleckige und abgegrif-
fene Fotos verlieren ihre Schönheit. Mit einem Wattebausch und ein paar Tropfen Spiritus lassen sie sich
gut reinigen. Bei einzelnen Flecken sollte man trotzdem das ganze Bild abreiben, um Ränder zu vermeiden.

Frühstücksbrettchen reinigen

Sind Ihre Frühstücksbrettchen aus Teakholz verschmutzt und schon ein bißchen abgenutzt? Sie werden wieder wie neu, wenn man sie mit Sandpapier abreibt und mit käuflichem Teaköl einstreicht.

Furnierholz, Blasen auf

Furniere können sich manchmal unter Einwirkung von Feuchtigkeit oder Hitze lösen. Diese unschönen Blasen werden entfernt, indem man die Blase mit einem scharfen Messer in Holzfaserrichtung öffnet. Nun wird durch diesen Schlitz vorsichtig Leim eingebracht und dann mit einem schweren Gegenstand wieder angepreßt. Mit feinem Schleifpapier werden danach die Leinenreste auf der Schnittfläche entfernt.

Fußböden, ausgetretene

Holzfaserplatten in der Stärke von 8 bis 13 mm eignen sich gut zum Abdecken alter, ausgetretener Fußböden. Die Platten werden einfach aufgenagelt. Eine Unterlage ist nicht nötig, denn die Holzfaserplatten treten sich nicht durch.

Fußbodenbretter, knarrende

Es wirkt immer sehr störend, wenn Fußbodenbretter knarren; sie müssen häufig nur nachgenagelt werden. Mit Hammer und Senkstift treibt man die Nägel etwas tiefer ins Holz, so daß die Verbindung mit dem unterliegenden Balken wieder fest wird. Der Erfolg ist verblüffend.

Gartenschläuche, harte

Harte Gummischläuche werden in einer Mischung aus
$1/3$ Salmiakgeist und $2/3$ Wasser wieder weich. Man
läßt sie über Nacht darin aufweichen; manchmal ge-
nügen auch schon ein paar Stunden.

Gartenschlauch, undichter

Ähnlich, wie bei einem Fahrradschlauch, läßt sich
auch ein Gummi-Gartenschlauch flicken. Die undichte
Stelle wird trocken gerieben und mit Sandpapier oder
mit einer Feile aufgeraut. Danach wird mit Gummilösung ein passendes Stück Gummi aufgeklebt.

Geschenkpapier wieder verwenden

Gebrauchtes Geschenkpapier wird wie neu, wenn man
es glattstreicht und mit dem Bügeleisen von der Innenseite her glättet; Klebestreifen werden mit leicht tem-
periertem Eisen überbügelt und lassen sich dann leicht
entfernen. Gebrauchtes Schmuckband wird ebenfalls
leicht gebügelt und läßt sich dann wieder verwenden.

Gips anrühren

Zum Ausbessern von kleinen Schäden benötigt man
häufig Gips. Wußten Sie, daß man zum Anrühren den
Gips ins Wasser gibt und nicht umgekehrt? (Gips
klumpt sonst.) Man sollte auch nur soviel verwenden,
wie das Wasser gerade noch aufnehmen kann.

Gips trocknet nach Wunsch

Wußten Sie, daß Gips langsamer erhärtet, wenn er

statt mit Wasser mit Essig angerührt wird? (Man
kann auch dem Wasser etwas Soda beimischen.)
Trocknet der Gips allerdings zu langsam, kann man
mit Salz oder Gummilösung ein schnelleres Erhärten
erreichen.

Glas bearbeiten
Dünnes Glas läßt sich unter Wasser, (also in einem
größeren mit Wasser gefüllten Behälter) mit der
Schere schneiden. Feuchtet man die betreffende Stelle
mit einigen Tropfen reinem Terpentinöl an, kann man
sogar Löcher mit einem Stahlbohrer ins Glas bohren.

Glas, dauerhaft beschriebenes
Wenn Sie ein Stück Aluminiumblech etwa in Form
eines Bleistiftes zuspitzen und auf angefeuchtetem
Glas schreiben, verschwindet die Schrift weder durch
Waschen noch durch irgendwelche Flüssigkeit oder
durch Reiben.

Glas schneiden
Der Glasschneider faßt besser, wenn man die Schnitt-
linien vorher mit einem öl- oder terpentingetränkten
Lappen bestreicht.

Hauswände und Außenmauern streichen
Außenanstriche sollen nicht in praller Sonne und auch
nicht auf eine sonnendurchwärmte Wand aufgetragen
werden. Durch die Wärme verdunstet das Wasser in
der Farbe zu schnell, und die Kunststoffteilchen kön-

nen sich mit den Pigmenten und Füllstoffen in der Farbe nicht zu einem festen Film verbinden. Die Farbe wird schnell schadhaft und bröckelt ab.

Heimwerkstatt, geräuschlose

Geht es in Ihrer Heimwerkstatt zu geräuschvoll zu? Legen Sie den Werkstattboden mit Filzplatten aus; und wenn dieses noch nicht den gewünschten Effekt bringt, können Sie eine Wand und evtl. die Decke mit schallschluckenden Dämmplatten verkleiden.

Holz, feuerfestes

Durch Anstreichen mit Wasserglas wird Holz feuerfest.

Holz, Kerzenwachs auf poliertem

Wachs auf poliertem Holz sollte niemals abgekratzt werden; es entstehen mit Sicherheit Schrammen. Tauchen Sie einen Lappen in Öl, und wischen Sie den Fleck einfach weg.

Holz reißt beim Sägen nicht

Ärgerlich ist es, wenn man sich mit seinem Werkstück viel Mühe gibt und es dann beim Zurechtsägen einreißt (z. B. Sperrholz an den Schnittflächen). Erfahrene Bastler verwenden folgenden Kniff: Sie kleben rechts und links der (geplanten) Schnittfläche einen Klebestreifen und sägen dann ohne Einrisse mitten durch.

Holz, Tintenflecke auf
Frische Tintenflecke auf Holz können mit Essig wieder entfernt werden.

Holzschrauben sitzen besonders fest
Wußten Sie, daß Holzschrauben bombenfest sitzen, wenn man sie vor dem Einschrauben in heißen Tischlerleim oder einfach in Klebstoff taucht?

Kalkfarbe
Beim Weißen von Kellerwänden färbt der Kalk nicht mehr ab, wenn man $1/4$ Wasser und $3/4$ Molke (in der Käserei erhältlich) untermischt.

Kalkfarbe wird glänzend
Kalkfarbe hält besser und wird schön glänzend, wenn man je Eimer ungefähr $1/2$ Liter Milch, etwas Alaun und etwas Leim untermischt.

Kitt
Um Fensterkitt abzulösen, fahren Sie einige Male mit einem heißen Bügeleisen darüber. Wenn Sie wollen, können Sie Kitt aus einem Teil Bleiweiß und Kreide herstellen. Mit einem Teil Leinölfirnis und Terpentinöl wird er weich geknetet. Kitt bleibt weich und geschmeidig, wenn er im Wasser aufbewahrt wird.

Kleister selbst herstellen
Kleister können Sie aus einem Teil Weizen- oder Roggenmehl und 15 Teilen kochendem Wasser herstellen.

Kugelschreiber, die nicht schreiben

Sicherlich haben Sie sich auch schon einmal darüber geärgert, daß ein Kugelschreiber trotz gefüllter Mine nicht schreibt. Legen Sie die herausgeschraubte Mine einige Minuten in warmes Wasser; man kann dann wieder einwandfrei damit schreiben.

Kunststoffplatten, Verkleben von

Weil später jede Unebenheit auf der Oberfläche sichtbar ist, dürfen Kunststoffplatten nur auf einwandfrei glattem Untergrund verklebt werden. Massivholz ist keine empfehlenswerte Unterlage, weil es sich leicht verzieht; besser geeignet sind harte Holzfaserplatten.

Lackschäden am Auto

Kleine Lackschäden lassen sich mit einem feinen Pinsel gut ausbessern. Schmirgelpapier ist für diese Stellen viel zu grob; mit einem Glasradierer (wie ihn technische Zeichner verwenden) werden die Stellen rostfrei und blank. Danach vorsichtig Lack auftupfen.

Leimen, richtig

Erfolgreich kann man nur völlig trockenes Holz mit dichten Fugen leimen. Verschiedene Leimsorten dürfen nicht miteinander vermischt werden.

Leim selbst herstellen

Sollten Sie einmal etwas kleben müssen und haben Sie keinen Leim im Hause, so ist leicht geschlagenes Eiweiß, das man wieder zerfließen läßt, ein guter

Leimersatz. Auch Wasserglas ist bei vielen Arbeiten als Leim zu verwenden. Selbstgemachter Leim ist auch viel preiswerter als käuflicher.

Linoleum, brüchiges
Linoleum wird wieder geschmeidig, wenn man es mit einer Mischung aus Terpentinöl und Leinöl bestreicht.

Messer schärfen
Messer lassen sich mit einem feinen Schmirgelpapier leicht schärfen. Sollten Sie keinen Wetzstahl zur Hand haben, können Sie auch den unglasierten Rand eines Tellers benutzen.

Messingteile pflegen
Messingteile laufen nicht an, wenn man sie mit farblosem Lack bestreicht oder wöchentlich dünn mit Nähmaschinenöl einreibt.

Metalle reinigen
Neben den käuflichen Metallreinigungspasten gibt es auch bewährte Hausmittel, mit denen man Metall bzw. Eisen gut reinigen kann. Man vermischt Holzasche mit einigen Tropfen Salatöl und pflegt damit.

Möbelstücke reparieren
Manchmal lösen sich Furniere, und durch Unachtsamkeit werden sie abgebrochen. Die Furniere werden dann vorsichtig mit einem Messer angehoben und neu

mit Leim bestrichen. (Alte Leimreste, Schmutz und Staub vorher entfernen.) Manchmal haftet das Furnier auch schon, wenn man mit einem warmen Bügeleisen darüberfährt; der Leim wird wieder flüssig. Kleinere herausgebrochene Stellen lassen sich mit Holzkitt ausspachteln. Bei größeren Schäden schneidet man käufliche Furniere passend zu und setzt sie ein. Durch Ausspachteln der Ränder, schleifen, beizen und evtl. lackieren wird das neue Stück dem alten Furnier angepaßt.

Nägel einschlagen
Will man einen besonders großen Nagel in die Wand schlagen, ohne daß dabei der Verputz abfallen soll, empfiehlt es sich, den Nagel in heißes Wasser zu tauchen und vor dem Einschlagen mit Öl zu beträufeln.

Nägel in dünnes Holz einschlagen
Nägel kann man in dünne Bretter schlagen, ohne daß das Holz spaltet, wenn man die Nagelspitze etwas stumpf schlägt.

Nägel in Mauerwerk einschlagen
Haben Sie keinen Bohrer, so ist es schon ein Kunststück, Nägel in Steinwände einzuschlagen; sicherlich haben Sie dann durch Zufall eine Fuge gefunden. Ganz systematisch läßt sich eine Fuge durch Abklopfen der Wand finden; helle Töne kennzeichnen festes Mauerwerk, dumpfe Töne lassen auf eine Fuge schließen.

Nägel aus der Wand herausziehen

Nägel und Haken können meist nicht ohne Beschädigung der Tapete aus der Wand herausgezogen werden. Es geht viel einfacher und leichter, wenn man ein Stückchen Holz unter die Zange legt und den Nagel über diesen Hebel herauszieht; dabei wird auch die Tapete/Wand nicht beschädigt.

Nägel, locker sitzende

Nägel und Haken, die in den Wänden locker sitzen, sind kein Problem mehr; man umwickelt sie mit Watte, taucht sie in Leim und schlägt sie wieder in die Wand. Sobald der Leim getrocknet ist, sitzt der Nagel bombenfest.

Nickel, Rost auf

Rost auf Nickel verschwindet, wenn man einige Stunden lang Petroleum oder Vaseline einwirken läßt, einen Brei aus Kreidepulver und Salmiakgeist aufträgt und nach einiger Zeit alles mit einem Tuch abreibt.

Ölfarbenpinsel

Pinsel bleiben weich und immer verwendungsfähig, wenn man sie in Leinöl aufbewahrt. Will man sie auswaschen, benutzt man am besten Terpentin oder Benzin. Eingetrocknete Pinsel werden meist nicht wieder weich. Man kann jedoch folgendes ausprobieren: längere Zeit in Terpentin aufweichen lassen und mit einem Hammer leicht beklopfen; oder in heißem Seifenwasser aufweichen lassen und mit Terpentin nach-

spülen. Wenn das nicht hilft, probieren Sie es mit Abbeizer. Man läßt den Pinsel über Nacht in Abbeizer stehen und deckt mit einem Bierdeckel ab.

Ölfarbreste aufbewahren
Gibt man vor dem Wegstellen etwas Wasser auf die Farbe, bildet sich so schnell keine lästige Haut, und die Farbe bleibt länger frisch.

Packpapier, wasserdichtes
Für viele Gelegenheiten kann wasserdichtes Packpapier nützlich sein. Man macht es selber. Tauchen Sie das Papier in folgende Lösung und lassen Sie es an der Luft trocknen: 0,5 Liter heißes Wasser, vermischt mit 0,1 Liter Alaun, etwas Wachs und etwas weißer Seife.

Papier, Fettflecke auf
Sind durch Unachtsamkeit Fettflecke auf Papier entstanden, kann man sie durch Erwärmen und Aufstreuen von etwas Kartoffelmehl entfernen. Sobald das Pulver eingetrocknet ist, bürstet man den Fleck heraus.

Papier, feuerfestes
Papier brennt nicht, wenn man es in eine starke Alaunlösung taucht und trocknen läßt.

Pauspapier selbst herstellen
Wenn Sie einen Bogen Schreibmaschinenpapier dünn

mit Öl bestreichen und ihn dann trocknen lassen, haben Sie auf diese Weise Pauspapier selbst hergestellt.

Pinsel, zu kleine

Pinsel, die kleiner sind als der Farbtopf, rutschen nicht mehr in ihn hinein, wenn Sie durch den Pinselstiel einen Nagel schlagen; sie lassen sich dann gut am Rand der Farbdose aufhängen.

Pinsel bleiben verwendungsfähig

Renovieren Sie mehrere Tage lang Ihre Wohnung, so brauchen Sie nicht jeden Abend sämtliche Pinsel auszuwaschen. Wickeln Sie die Pinsel einzeln in Alufolie oder Silberpapier ein, sie bleiben dann trotz Farbe bis zu 2 Tagen verwendungsfähig.

Plastikfolien zusammenschweißen

Plastikfolien lassen sich gut zusammenschweißen, wenn man die Nähte übereinander legt und schnell mit einem glühenden Draht entlang fährt. Die Folie weicht dabei auf, und die Nähte sind beim Erkalten fest verschweißt.

Plastikhaken auf glatter Fläche

Lösen sich bei Ihnen die Plastikhaken von glatten Unterflächen (Kacheln, Porzellan, Waschbecken usw.)? Bestreichen Sie die vorgesehenen Stellen mit Lack oder Kunstharzlack, und kleben Sie die Plastikhaken am nächsten Tag auf diese Stellen.

Plastikschläuche aufstülpen
Plastikschläuche passen auf jeden Wasserhahn, wenn
man sie in heißes Wasser taucht und dann sofort über-
stülpt.

Rohre, undichte
Mit folgender Mischung kann man Rohre wasserdicht
und fast säurebeständig kitten. Man bringt Schwefel-
zink und Schwefeleisen sowie Schwefel (je ein Teil) in
einem Gefäß zum Schmelzen und verwendet die erkaltete Masse als Kitt.

Rost entfernen
Man sollte Rost niemals mit der Feile abkratzen, denn
der Rost greift auf die Feile über. Geeigneter ist Rost-
entferner oder Rostumwandler. Bei sehr starkem
Rostansatz kann man zuerst eine Drahtbürste verwenden, dann mit Öl einreiben und zum Schluß mit
Schleifpapier nachreiben.

Rost, Hausmittel gegen
Rostschutzmittel selbst herstellen: Man schmilzt $3/4$
frischen Speck und $1/4$ Harz und bestreicht damit die
Metallteile.

Sägen, leichter
Probieren Sie es mal aus: Wenn man Sägeblätter mit
trockener (Kern)seife einreibt, kann man viel leichter
sägen.

Scharniere, knarrende

Knarrende Türen und schwergängige Schlösser sollten nicht geölt werden, da das Öl mit der Zeit verklebt; man verwendet Graphitpulver, das an Tankstellen erhältlich ist.

Schimmelflecke in Büchern

Mit etwas Schwefel-Ammonium kann man aus Büchern Schimmel- und Stockflecke wieder entfernen.

Schmiedeeisen, rostfreies

Schmiedeeisen läßt sich nur mühsam streichen, und es ist ärgerlich, wenn Sie schon nach kurzer Zeit Ihre Arbeit wiederholen müssen. Reiben Sie das Schmiedeeisen noch einmal mit etwas Möbelpolitur ein; Sie haben dann lange Zeit keinen Rost mehr auf Ihrem Zierstück.

Schrauben, festsitzende

Schrauben lassen sich manchmal selbst mit größter Kraftanstrengung nicht entfernen. Häufig beschädigt man dabei noch die Schraube und steht dann vor einem noch größeren Problem. Versuchen Sie es doch einmal mit einem glühenden Metall. Mit einem Schürhaken zum Beispiel kann man die Schraube erhitzen; ist sie wieder erkaltet, läßt sie sich leicht lösen.

Schräubchen, winzige

Schräubchen können einem den letzten Nerv rauben, wenn sie so klein sind, daß man sie weder anfassen

noch ins Gewinde schrauben kann. Probieren Sie folgenden Kniff: Tupfen sie etwas Kleber auf die Fingerspitze; die Schräubchen haften daran und lassen sich dann viel leichter in die Bohrung führen.

Streichen, von allen Seiten
Wollen Sie ein Werkstück von allen Seiten in einem Arbeitsgang streichen, helfen Nägel, die man durch ein Brett schlägt. Die gestrichene Seite legt man auf die Nagelspitzen, streicht zu Ende und bessert die punktgroßen Druckstellen mit einem Farbtupfer nachher aus.

Streichhölzer, wasserdichte
Wußten Sie, daß Streichhölzer wasserdicht werden, wenn man sie in dünnen Zelluloseleim taucht und trocknen läßt?

Tapeten, Löcher in
Bevor man einen größeren Nagel in die Wand schlägt, sollte man an der betreffenden Stelle ein kleines Kreuz in die Tapete schneiden. Wenn später der Nagel nicht mehr gebraucht wird, läßt sich das Loch mit den Tapetenecken gut verdecken.

Tapeten, schadhafte Stellen in
Wollen Sie eine schadhafte Stelle oder einen Fleck mit einem Stück Tapete verdecken? Schneiden Sie den Flicken nicht mit der Schere zu. Unauffälliger ist es, wenn man Tapeten von Hand reißt, die Kanten mit

Bimsstein dünn schleift und bei verblaßten Tapeten den Flicken in der Sonne bleicht, bevor man ihn aufklebt.

Tapeten, Schimmel an

Schimmel an Tapeten entfernt man mit einer Lösung aus 1 Teil Salzsäure und 4 Teilen Spiritus. Nach dem Einwirken werden die Rückstände vorsichtig mit einem trockenen Lappen entfernt.

Tapeten, schwere

Für den erfahrenen Heimwerker ist dies nichts Neues, aber für den Laien könnte dies recht nützlich sein. Bestreichen Sie die sauber vorbereitete Wand mit Kleister. Sind die Tapeten dann nicht gleich lotrecht angeklebt, lassen sie sich noch etwas verschieben; schwere Tapeten haften dann auch besser. Noch ein Vorteil: Blasen und Falten lassen sich auf diese Weise leichter herausstreichen.

Teppichen, Brandlöcher in

Bei Parties oder bei Familienfeiern kommt es hin und wieder vor, daß glühende Asche oder Zigaretten auf den Teppich fallen und dann ein Brandloch verursachen. Verzweifeln Sie nicht gleich, die Reparatur ist leichter als Sie denken. Man füllt das Brandloch mit flüssigem Klebstoff und drückt ein paar abgezogene Flusen in diese Stelle. Die reparierte Stelle wird einige Zeit lang beschwert und ist dann sogar nach einigen Tagen Staubsaugerfest.

Teppichecken, hochstehende

Ärgern Sie sich über hochstehende Teppichecken? Sie sehen nicht nur schlecht aus, sie sind auch eine Unfallgefahr, da man leicht darüber stolpert. Die Ecken werden mit Leim bestrichen und nach dem gründlichen Trocknen mit einem Gegenstand einige Zeit lang beschwert. Die Teppichecken werden dadurch hart und biegen sich nicht mehr hoch.

Treppen streichen

Treppen bleiben auch dann noch begehbar, wenn man nur jede zweite Stufe streicht; nach dem Trocknen werden die anderen Stufen gestrichen. Auf diese Weise kann man immer die trockenen Stufen benutzen und ohne Schwierigkeiten eine frisch gestrichene Treppe heraufgehen.

Tuben, die sich nicht öffnen lassen

Lassen sich Tuben nicht mehr öffnen, sollte man sie kurze Zeit mit dem Hals in heißes Wasser halten. Auch Tuben mit Klebstoff, die schon einmal angebrochen sind und lange Zeit liegen, lassen sich auf diese Weise wieder öffnen.

Wasserfarben, eingetrocknete

Eingetrocknete Wasserfarben lassen sich wieder verwenden, wenn man die Tube aufschneidet, den Inhalt in ein kleines Gefäß gibt und die hartgewordene Farbe mit ein paar Tropfen Wasser und Glyzerin auflöst.

Wände, feuchte, tapezieren

An feuchten Stellen lösen sich die Tapeten immer wieder von den Wänden. Kleben Sie vor dem Tapezieren eine Metallfolie unter; die Tapeten halten dann wie auf trockenen Wänden.

Wänden, Risse in den

Beim Neutapezieren werden Risse in den Wänden einfach mit Nesselstoff überklebt. Auch wenn Sie die Risse vorher mit Gips oder Mörtel ausgeschmiert haben, sollten Sie Nesselstoff überkleben. Man verhindert auf diese Weise, daß bei erneutem Reißen die Risse auf der Tapete sichtbar werden.

Wärme, reflektierte

Viel Wärme geht unnütz verloren, weil das Mauerwerk warm wird und die Wärme nicht richtig ausstrahlt. Klebt man eine Metallfolie (verwenden Sie beiderseitig beschichtetes Klebeband) hinter die Heizkörper, wird die Wärme in den Raum hinein reflektiert, und die Heizung ist besser ausgenutzt.

Zimmer, feuchte

Bei zuviel Feuchtigkeit im Zimmer quillt das Holz, beschlagen die Scheiben, und man fühlt sich unwohl. Ungelöschter Kalk zieht sehr stark Feuchtigkeit an und bindet sie. Stellt man etwa 1 Pfd. Kalk in einem offenen Behälter ins Zimmer, kann man schnell das Zuviel an Feuchtigkeit entfernen. Wohnen Sie in einer feuchten Wohnung, erneuern Sie den Kalk ab und zu.

Heinz Sponsel
DIE HEILKRÄFTE DER NATUR
Ein Handbuch für den Hausgebrauch
316 Seiten, Leinen

»Wie handhabt man die Heilkräfte der Natur? Heinz Sponsel hat alle Ratschläge in vielen Jahren erarbeitet und informiert darüber in seinem Handbuch hervorragend und erschöpfend.«

Die Welt

»In der Reihe jener Bücher, die sich mit den Heilkräften der Natur befassen, sticht Heinz Sponsels Band durch die beschwingte Art, mit der er die heutigen modernen Erkenntnisse um dieses für die menschliche Gesundheit wichtige Sachgebiet in überschaubaren Kapiteln zusammenfaßt. Aufmunternd serviert und für alle lesenswert, die aus der Urkraft der Mutter Erde neue Lebensimpulse, aus der Natur neue Kraftreserven für den täglichen Streß schöpfen wollen. Sponsel wendet sich an jung und alt, vorwiegend an den gesunden Menschen, und er weist der Vorbeugung eine ausschlaggebende Bedeutung zu.«

Wiener Zeitung

ECON VERLAG · 4 Düsseldorf 1 · Postfach 9229